金融機関の「女性活躍推進」はこう進めよう

渋井真帆＝著
Shibui Maho

経済法令研究会

Preface はじめに

「高橋義雄という人物を知っているかい」

以前、銀行に勤めていた頃、初対面だった取引先の社長さんの開口一番の言葉です。

「茶人ですよね…。明治時代の」

と私が答えると、歴史好きなんだねと笑って、社長さんはつけ加えました。

「日本で初めて銀行に女性を雇った人でもある」

明治六（一八七三）年に日本初の銀行が設立されて以来、銀行業務は男性行員のみで行われていました。三井銀行の支店長だった高橋は、時事新報社での記者の経験があり、欧米の商業事情に精通していました。彼は日本の金融業界も欧米と同じように女性の力を活かすべきだと考えます。男女が机を並べて仕事をすることなど風紀上もってのほかと思われていた時代。しかし高橋は「突飛な試み」と揶揄されながらも、明治二七（一八九四）年、日本初の女性行員の採用を実現しました。

「それから一〇〇年が経って、女性の総合職ですか」

頑張りなさいよ、と社長さんが言ってくださったのは銀行員時代の大切な思い出です。

そして今、金融業界は新たな女性活躍のステージに踏み出しています。

私は銀行を退職して、二〇〇〇年から研修講師や人材コンサルタントの仕事を生業にしています。昨今は女性活躍推進のプロジェクトに携わることが多く、女性行職員向け（モチベーションUP、スキルUP、リーダー育成、法人融資・渉外研修など）はもとより、管理職、経営者の方々への講演やセミナーを実施する機会が増えてきました。

研修で人事部門、管理職の方々と接しているなかで、他の金融機関がどのような取組みをしているのか、課題と成功例について具体的な実例を知りたいというご要望をたくさんいただきました。そこでお付き合いのある金融機関の中で、活躍推進が進んでいたり、課題に取り組んでいる金融機関に取材をして本にまとめました。取材にご協力をいただいた各金融機関の皆さまに心より御礼を申し上げます。

本書には金融機関の女性活躍推進の〝リアル〟があります。読者の皆さまは金融機関の経営者として、本部の担当者として、管理職として、女性行職員として、様々な立場で女性活躍推進に関わっていらっしゃると思います。本書にある具体例や事例をヒントにして、より実効性のある取組みの一助にしていただければ幸いです。

渋井真帆

Contents

目次

第三話▼動き出した女性登用、地域金融機関のチャレンジ

Chapter 1

第一話

女性の力を経営に活かす取組み

「組織としてパラダイムを転換しなければならない、女性活躍推進はそのための原動力になり得るのです」

埼玉りそな銀行　社長・池田一義さん

●「りそなショック」は今の経営の原点

渋井　埼玉りそな銀行は女性活躍推進が進んでいるという印象がありますが、きっかけは何だったのでしょうか。

池田　「りそなショック」という言葉を覚えていますか。

渋井　はい、二〇〇三年五月のことでした。

池田　そこがね、私たちの今の経営の原点なんです。りそなショックというのは、世の中的には公的資金を注入して銀行を救済することへのショックがあったわけですけど、同時に社内においては、我々の今までやってきたことって一体何だったのかというショックも一つあったんです。

渋井　再建のトップとしてＪＲ東日本から迎えられた故・細谷英二氏が「銀行の常識は世間の非常識」とおっしゃっていましたね。銀行の再建はある意味では全否定から入った、と。

池田　その中でやっぱり再構築をしていこうと、りそな改革というのがあったんですね。ここが原点のような気がするんです。「銀行の常識は世間の非常識」というのを我々が真摯に受け止める。言い訳をするなと。じゃあどうすればいいんだ。経営改革のスタート地点として考えた。お客さまのためにどういうことができるか徹底して考えた。それが、サービスをどれだけ向上できるかとか、どれだけ効率化できるかとか、という発想にまた変わってく

る。

渋井　お客さまの利便性の追求ですね。

池田　それならお客さまの半分が女性なのだから、銀行だって管理職を含めて半分が女性でもおかしくないよね、という発想に至った。もっと女性の活躍できる職場を作ろうという話が出てきて、それが結果的に我々の戦力アップにつながるし、人材が採用できず、毀損してしまったところも、女性の優秀な人たちが補ってくれるんじゃないか、ということで女性活躍を推進しようと。

●女性からの提言の場「りそなウーマンズカウンシル」

渋井　女性活躍推進は再建に向けた経営改革の一つだったのですね。

池田　そのためには、単にやりましょうという謳い文句ではダメですよね。人事制度を含めて、女性が活躍できるような仕組みがなかった。たとえば、育休とか産休もそうなんだけれど、当時は、まだまだ充実していなかった。実は私、その頃、りそなホールディングスの執行役員としてそのセクションを担当していたんですよ。

渋井　社長ご自身が当事者だったのですね。最初はどのようなことから取り組まれたのですか。

池田　とにかく先行企業の事例を学ぼうということになった。当時、女性の活躍推進を積極的に行っていたのは外資系企業で、何人かの女性リーダー候補を連れて日本ＩＢＭの門を叩いたんです。日本ＩＢＭにはウーマンズカウンシルという女性の会議体があって、そこで彼女たちの考える、より女性が働きやすい職場をどうやって作ったらいいかをディスカッションしていたんです。

渋井　経営トップと女性社員が直接コミュニケーションをして、提言し、組織として実行に移す仕組みですよね。

池田　ええ、それを重ねることによって、だんだん制度を良くしていったということです。じゃあ、我々もそれを取り入れようよ、ということになり、二〇〇五年四月に「りそなウーマンズカウンシル」をグループ全体で立ち上げたんです。ちょうど今、第六期のメンバーが選出されてスタートしています。

渋井　当初、メンバーはどうやって募ったんですか。

池田　指名で、一四名でスタートしました。

渋井　その方たちは支店から？

池田　支店から吸い上げてね。吸い上げてといっても、土日とか通常の仕事以外で活動をしてくれたんです。当時我々は合併行でもあったので、お互いに東西行ったり来たりしました。

渋井　旧あさひさん（旧埼玉銀行・旧協和銀行）、旧大和さんの女性社員がそれぞれ集まったんですね。

池田　そう。みんな集まってはディスカッションし、勉強会をする、というようなことをやり続けたんです。

渋井　それって男性だと難しいですよね。旧行の考え方に固執したり、壁があったりしますから。

池田　そのとき感じたのは、女性は昔のことにとらわれず、自由な発想ができるということ。そういう女性たちに先頭に立ってもらって、いらない壁を取り払う担い手になってもらいたかった。

渋井　それで一四名で、みんなそれぞれの場所で…。

池田　いろいろな考え方の違いを議論して乗り越えて、いいものを作っていこうとした。そこで提言されたことにトップがコミットしていくというような、そういう場所を作ったんです。これはすごく大きかった。女性が働き続けられる職場環境づくりや、キャリア形成のサ

ポートなどの制度改革が次々と行われました。「JOBリターン制度」もカウンシルから生まれたんですよ。

渋井　「JOBリターン制度」は結婚や出産、育児などで退職した社員が対象の再雇用スキームですよね。「社員・パートナー社員間転換制度」もウーマンズカウンシルからの提言によるものですか。

池田　そうです。

渋井　育児や介護のために勤務時間や業務負担を軽減したい社員に、一定期間パートナー社員（パートタイム勤務）への転換を認める制度ですよね。また社員に戻ってこれる。結婚、出産、子育てといった女性のそれぞれのライフステージに合った働き方があると、女性たちもキャリアプランが描きやすくなりますね。

池田　今、我々の女性の働く枠組みは、ほとんどそこで生まれたものです。

渋井　画期的ですね。上からじゃなくて、そういう提言の場を作って、その提言をトップが聞く。

池田　ええ。人事担当役員と、社長、会長のいる前で、改善提案を発表してもらって、じゃあこれやろう、あれやろう、これはちょっとできないと…。

渋井　役員の面前で彼女たちが発表ですか？　緊張したでしょうねえ。

池田　でも、そこから始まったんです。当時はそれ以外にもたとえば改革タスク・フォースとか、若手の考え方をもっと経営に取り入れようとか、りそなショックがあり、ある意味では再生企業ですからね。そこから立ち上がるというプロセスのなかで、様々な改革をやってきた。ウーマンズカウンシルはその一つでもあるんです。

渋井　発表の場面にはいらっしゃったんですか。

池田　最初の時はいましたね。けっこう厳しいことを経営に提言してくれましたよ。発想が全く男性主導の考え方だとか、こういうことだから女性が活躍できないとか、〝居酒屋文化〟をぶち壊せとか（笑）。経営に対してストレートな意見がたくさん出てきたということです。

渋井　その時に、経営もわからず経験も踏んでいないくせに、よく言うよ、と経営陣は腹立たしく思わなかったんですか。

池田　皆反発するよりも、彼女たちの意見を「そりゃそうだよね」という感じで受け入れている人たちが多かったと思います。

●女性の視点は気づきの場

渋井　女性たちの、ウーマンズカウンシルの提言によって、経営側が一番最初に行った改革は何ですか？

池田　トイレです。

渋井　トイレ？　支店のトイレですか。

池田　とにかく銀行はトイレが汚い、和式のトイレもあったりして。お客さまにお貸しもできない。昔は銀行は冷たくて、お客さまにはトイレの利用はお断りしていた。それを逆にお使いいただきましょうよ、とトイレの改修をずいぶんやりましたよ。

渋井　私が銀行に勤めていた頃は、お客さまにトイレをお貸ししないのは事故防止のためという考え方でした。

池田　それが変わったんです。

渋井　たしかに手続きでお客さまをお待たせするときに、トイレを我慢していただくのって申し訳ないですものね。

池田　男性はトイレをあまり意識しませんから、やはり女性は大変センシティブに感じるものなんだな、ああ、そうかと。トイレの美化はもちろん、バリアフリーにもしてお客さまに気持ちよく使っていただけるようにしました。
渋井　トイレのきれいな会社は…。
池田　いい会社、と言われますね（笑）。
渋井　ウーマンズカウンシルが扱う分野は様々ですね。
池田　第一期で「りそなママの会」、第二期で「パパ・ママ会」ができたんです。子育ての苦労みたいなもの、働きながらする子育ての苦労を、そういう別な組織を作って、悩みを一緒に解消しようよ、というようなことをやったんです。それにパパが加わってくるんですよ。そこで子どもたちを遊ばせながら皆でディスカッションするとか、こういうときにはこうしたいわよね、とか。
渋井　パパも社員の方ですか？
池田　そうとは限らないですね。社外の人もいたのではないでしょうか。
渋井　他業界の方や男性の発言も折り込まれた「パパ・ママ会」の意見も、ウーマンズカウンシルを通して経営に提言されていくんですね。
池田　そうです。
渋井　まさに多様性、ダイバーシティですね。
池田　介護休業や介護勤務の仕組みは第四期の提言から、女性のキャリア意識の醸成のための研修やセミナーの企画・開催もカウンシルの活動によって生まれています。

渋井　カウンシルの期間はどのくらいですか。

池田　基本的には一〜二年間です。

渋井　メンバーの方というのは、下は何年目、上は何年目ぐらいなんですか。

池田　下は二〇代後半ぐらいから、上はもう支店長級の方までいます（二〇一五年三月現在で埼玉りそな銀行の女性支店長は一三名）。

渋井　年齢的には幅広いですね。下は二〇代後半だとチームリーダー層ですね。そういう方が集まって喧々諤々《けんけんがくがく》するというのは、女性ならではですね。一年間で何回ほど活動するんですか。

池田　かなりの回数をやっていて、定期的に月一回は集まって議論していますね。

●女性のための商品企画を行う「私のチカラ」プロジェクト

渋井　女性の発案による商品開発でも、成功しているものがありますよね。

池田　二〇〇六年に設立した「私のチカラ」プロジェクトがあります。これは女性社員による女性のための商品企画を行うプロジェクトチームで、担当部署と連携して金融商品を作ったんです。

渋井　具体的にはどんな商品が生まれたのでしょうか。

池田　まずは医療保険「Ｒｉｂｂｏｎの力」など、女性が入りたいと思う保険を開発していま
す。協力してくれる保険会社のスタッフも女性がメインです。乳がん専用の保険があるので
すが、この保険は入院したら個室に入ることができる特約があります。

渋井　それは女性にとってすごく嬉しいです。入院するときに同室の他の人に気を遣いたく
ないですから。

池田　女性の方は皆さんそうおっしゃいますね。男性には思いつかない感覚です。

渋井　先ほどトイレの話が出ましたが、個人差はもちろんありますが、女性は男性よりセンシ
ティブですし、快適さにお金を払いますから、そういった部分をカバーする商品やサービス
はこれからますます伸びる可能性大ですね。特に金融の世界は男社会でしたから、女性のニ
ーズを満たしてきたとはいえず、その分、できることがたくさんありそうですね。

池田　ええ、間違いなく、競争力を上げる一つのチャンスです。

渋井　資産運用の分野ではいかがですか。

池田　「私のチカラ」プロジェクト発の投資信託があります。女性が活躍する企業に投資する
「ティアラ」です。

渋井　ティアラ、冠ですね。女性なら子供の頃に一度は憧れます。ネーミングも女性ならではですね。

池田　この商品を販売するときには、ワインショップのエノテカと提携してキャンペーンを行いました。丸の内でワインセミナーを開き、商品説明を行ったところ、多くの女性の方に興味をもってもらいました。メディアにもけっこう取り上げてもらいました。

渋井　これから各企業でも女性活用が進めば、収入の高い女性がぐっと増えてきます。彼女たちは、自分たちと同じく活躍する女性が多い会社に当然ながら好感をもちますし、信頼します。そんな女性ならマネー管理にも関心が高いでしょうから、「私のチカラ」プロジェクトには追い風が吹きそうですね。

池田　男性にはない発想という羽を大きく空に広げて、風に乗ってほしいです。

渋井　このくらいのプロジェクトとなると参加人数もだいぶ多かったのではないですか。コラボレーションした保険会社の女性たちも含めて。

池田　相当な人数から始めたんじゃないかな。いろんなグループ別にして議論をし、集約していって一つの商品にしていくという、それが「私のチカラ」プロジェクトです。

渋井　メンバーは指名ですか、募集ですか。

池田　「私のチカラ」プロジェクトは手を挙げてもらったんですね。あまり限定していなかった気がします。営業店からたくさん集まったから。

渋井　ということは、女性社員たちが経営が変わったことを感じてきて…。

池田　何かを実現できる、自己実現もできるし、提案すればいろんなことが、自分一人だけじゃないにしても、協力しながら何かを作っていけるというようなことがあったと思います。それに対して皆、やる気が出てきた。

渋井　参画意識とモチベーションが女性社員の中で自発的に生まれたんですね。

池田　僕がよかったなと思うのは、そこでやったことが実現すること。ウーマンズカウンシルにしろ、「私のチカラ」プロジェクトにしろ、単に会議をして、こんなこと提言して、ああそうなの、といって終わったんじゃないんですよ。これは実現していくんですよね。だから、すごく価値のあるものだと思うんです。

●さくらそうプロジェクト

渋井　最近、新たなプロジェクトが発足したとメディアに載っていました。

池田　「さくらそうプロジェクト」です。これは埼玉版ウーマノミクスプロジェクトに呼応したものです。

渋井　人口減少と少子高齢化に対し、女性の活躍によって経済を活性化させようとする埼玉県の施策ですね。

池田　さくらそうは埼玉県の県花なんです、それで「さくらそうプロジェクト」。

渋井　具体的にはどのような活動を行っていくのでしょうか。

池田　埼玉りそな銀行として埼玉県に貢献できることはないかとか、埼玉という目線で後押しをする銀行ならではの商品とかサービス、そして、他の企業と一緒に何かできないかといったコラボレーション、そうしたことを「さくらそうプロジェクト」で考えてもらっています。今、メンバーが議論し始めたところです。

渋井　プロジェクトって、場を作るのが大変というか、どうしても組織全体の力仕事みたいなものがありますよね。そこは男性社員がサポートしているんですか。

池田　そうですね。ただ、その担い手について、今回のプロジェクトでは女性に担当させたのです。担当部署の部長が男性なので当然絡みはしますが、プロジェクトの事務局もメンバーの女性たちがやってくれています。そして、いつかはゼロの段階から、つまり何のプロジェクトを始めるかの企画から女性に考えてもらって、実現してもらう。そういうふうに変わってくるんじゃないかと思います。今までは男性の力っていうのもあったと思いますけど、女性自らの力がついてくるとそういうことができるようになるんじゃないかと思うんです。

渋井　次の段階へのスタートが今回のプロジェクトなのですね。

池田　まだ理想ですが、そうなってくれればいいなということです。

渋井　さくらそうプロジェクトメンバーの人選はどうやって決めたのですか。

池田　今回、人材サービス部と個人部が選出しました。

渋井　人材サービス部というのができたのですか？

池田　要は人事部です。けれど人事部と人材サービス部とではイメージがだいぶ違う。営業店に対して人材を供給するのもサービスの一つなんだということで、そういう命名をしたんです。昔、営業統括部だったものを、現場をサポートするという意味合いで営業サポート統括部にしたり、そんなことを盛んにやってきたんです。

渋井　経営改革のプロセスとしてですね。

池田　銀行というのはピラミッド型組織でヒエラルキーができて、役員はどこかエライ。確かに昔の頭取はエラかった。今は社長って言っているんですが、なぜ頭取と言わないかというと、そこを払拭しようとしているわけです。組織をもっとフラットにしようと。そのためには頭取とかいう「特別だよ」的な呼び方はやめよう、一般の会社は社長ですから、それと同じような目線にしましょうということで、社長にしたんです。

●女性活躍推進はパラダイム転換の原動力

渋井　世間で知られている以上に、思い切った改革だったんですね。

池田　そういう改革についてこないヤツはこなくていいと。当時は各自の役員室が個室になっていましたが、私の机をご覧になったでしょうけど、私は皆と一緒のフロアでオープンな場所にいます。

渋井　正直、衝撃的でした。池田社長はじめ役員の皆さまが同じフロアに机を並べていて、しかもガラス張りで周囲から見えるとは想像していませんでした。

池田　そうやってオープンにしようとか、フラット化。だからまさにパラダイムの転換で、今までやってきたことを一八〇度変えて、違うことをやりましょうということで、オープンな役

廊下から見た役員室。ガラス越しに役員が机を並べているのがわかる。

員室もそういうところから出てきたんです。

渋井　女性活躍推進というと、たとえば女性管理職比率を上げるとか、単に数値を上げることを目的化しがちです。しかし御社のケースから見えてくるのは、組織としてパラダイムを転換しなくてはいけない、具体的にどうするんだという時に、女性活躍推進はそのための手段、原動力になり得るということです。

池田　これは細谷さんがよく言っていたんですが、男はしがらみの中で生きている、これがダメなんだと。だけど女性はしがらみがない。女性はストレートにものを言える。それを尊重すべきだ。そういうことです。

渋井　困難を乗り越えるときに女性の発想が大きな力になったのですね。

池田　今年の一月にウーマンズカウンシルの第五期の提言がありましてね。私も行きましたけど、りそなグループの各銀行のトップが集まって、男性は生産性が低い（笑）。いや、一つの例ですよ、そこまで言ってないけれど。女性は子育てなどで早く帰らなくちゃいけなくて、緊張感をもって時間当たりの生産性を上げようとしている。それを配慮するような組織を作れ、と。

●改革は業績考課にも

渋井　画期的な提言ですね。

池田　たしかに男性は長くいればいいみたいな発想はまだあります。私はずいぶん減ったと思うけど。女性の目から見るとまだそうなんでしょう。「私たちは家事もあるし早く帰らなくちゃいけないのよ、そのためには段取りよく生産性を上げて仕事をする、これは評価されないとおかしいわよ」ということなんだと思います。長くいればすむわけじゃない、と。それで、業績考課シートに「早く帰る」という項目を入れようとか、その場で決めるんです。

渋井　制度化されたんですか。

池田　以前より何分早く帰ったかを、営業店業績考課の一つの要素として入れました。早く帰ることは、いかに生産性を上げるかとなるわけで、その早帰りをちゃんと後押しできるような考課制度にしたわけです。

渋井　たしかに生産性の向上に大いに役立つ提言ですし、働く女性にとって益ある変更ですが、男性社員から反対の声は上がらなかったんですか。残業代を給料の一部と考える人も少なくないです。

池田　反対意見は出なかったですね。それよりも女性登用を最初の頃にやったんですが、少し下駄はかせ過ぎじゃないの、という議論は最初の頃はあったんですよね。

渋井　少し、急ぎすぎたのでしょうか。

池田　後になってこれは少しやり過ぎたかなと思うことも当初はあった。けっこう試行錯誤があって、支店長に何人も登用して、結果的に早めにやりすぎたね、もうちょっと準備して育てなきゃいけなかったね、という反省もあったりしました。

渋井　その原因は何だったとお考えですか。

池田　支店長という役割を果たすからには、もっと準備しなければいけなかった、研修が少なかった。キャリアや経験も足りなかった。そういう反省はありますね。

渋井　女性社員のその後が気になります。どうされたんでしょうか。

池田　それはちゃんと元に戻して再教育とか、融資がよければ融資に復帰させるとか、もう一回チャレンジさせたりしました。今はそういうことがないように、ちゃんとステップ、手順を踏んでいます。ポストチャレンジ制度の導入など、いきなり管理職というのではなく、その一歩手前のポストを作りながらやっていますし、もっと丁寧に一担当者の段階から、キャリア意識を醸成する研修も実施しています。

●育休取得者の悩みを解決する仕組み

渋井　しがらみなく、ストレートにものが言える女性たちですが、そういう良さをもちつつ、銀行の業務を管理職として担っていく、支店長になっていく、役員になっていく過程で、課題が多くあると思うんです。たとえば、誰もがそういう立場になりたいわけではなく、尻込みしてしまう人もいます。育休からの復職不安や苦労もありますし、一方、マミートラックといわれる、一〇年、一五年をずっと時短で働いてしまった結果、仕事の能力と意欲が同年代に比べて著しく劣る人の問題もあります。逆にやる気はあるけど力が追いつかず空回りして悩むという人も存在します。

池田　当然、そういう悩みがあるでしょうね。当社にも育休取得者が現在一〇五人います。それが当たり前のようになってきているんです。それをどうやってサポートするかというと、本当にいろいろな声があるんですが、少しはできてきている。しかしその中で今おっしゃったような悩みがたくさんあって、それをどうやって解決してあげるかというのは、まだまだ十分じゃない。で、それをまたカウンシルで取り上げるんですよ。それを続けていかないと良くならないですね。育休中に皆さんに来てもらって、復職支援セミナーというのをやって、銀行は今このように仕組みが変わっていますとか、業務のルーティンもこう変わっていますとか、担当によっていろいろな変化がたくさんありますから、それをしっかりお知らせする。

渋井　課題や悩みは当然あるけれど、女性たちと経営層のコミュニケーションが密で、風通しがいいから、スピーディーにどんどん組織を変革していけるという希望がもてる。だから、皆さん自己研鑽していくというイメージですか？

池田　そこは比較的うまくいってるんじゃないかと思います。まだまだ十分じゃありませんけれど。

渋井　銀行じゃないみたいですね。

池田　そうですか。

渋井　そのスピード感が、私が在籍していた頃と比較すると、なんかちょっとテンポが（笑）。

池田　渋井さんがおられた頃は本当にひどい銀行だったと思います（笑）。今は女性が活躍できる、まだ十分じゃないかもしれないけど。ただ、その当時と比べると、けっこうよくなったのではないかと。だから離職率は低いです。

渋井　私の時代は結婚したら「辞めろ辞めろ」って言われたんです。

池田　今は「戻ってきてね」と言います。そうすると、「私、戻ってきます」と言います。そういう人が多い。

渋井　それは人材を有効活用していくためですか。

池田　やっぱり、戦力という部分においては非常に貴重ですよね。経験もしているし、それだけのキャリアがちゃんとありますから、その方を活かせるのであれば、当然ながら新しく採用するよりいいわけで。その戦力差って大きいと思います。育成していく時間と、そのまま帰ってきてもらえる、そのスピード感が違う。空白期間はあるにしても、やっぱり縮まりますよ。

渋井　それがわかっていると、女性たちもキャリアプランが描きやすくなりますよね。

池田　そうです。

渋井　出世する云々ではなくて、自分が成長していけば、どのライフプランのなかでも必要とされ、活躍できる場を作ってもらえるという、心のセーフティネットですよね。新卒採用でもそういうメッセージを発信しているのですか。

池田　ええ、だから女性の人気がけっこう高い。男性より女性のほうが順位がいつも高いんですよ。男性をなんとかするようにといつも言っているんです。

渋井　やる気のある優秀な女性がどんどん入ってくるんですね。

池田　女性の優秀な社員が入ってきますね、本当に（笑）。「男、頑張れよ」といつも思うんですが。それは世の中的に皆そうみたいですけどね。特に当社の女性社員は逞しい、と感じます。

●改革は現場で考える

渋井　ところで、今年は節目の年ですね。

池田　公的資金の返済もあるし、我々にとっては大きな節目です。

渋井　当初は「絶対に返せない」と言う専門家もいました。その三兆円超の公的資金を返済できたのは、徹底的にパラダイムを変えたからだと今回のインタビューで知りました。

池田　サービス改革、オペレーション改革、そして心の改革。様々な改革がそこにあって、それは、内部の我々だけではできなかったのかもしれませんね。大きなショックがあって成し遂げられた。今は、本部で物事を考えるんじゃないという発想、改革は現場で考える、お客さまに一番近いのは現場なんだから、現場の意見を取り入れながらという発想で物事を考える、というのが起点になっているんです。

渋井　「クイックナビ」も現場発ですか。

池田　そうです。クイックナビは税金の納付や振込みなどの手続きも可能な多機能ＡＴＭなのですが、これも書類の記入が不要になるので、事務作業の軽減につながりました。それでお客さまにご相談をじっくりしてもらう時間が生まれる。

渋井　他行からも多くの方が見学にいらっしゃるようですね。

池田　システム基盤から作り変えなければならないので、なかなか真似できない我々の強みであると自負しています。それもずっと改良していて、まだまだ終わってないんですよ。どんどん進化するんです。それは単に本部で物事を考えてやらせているのではなく、現場の意見を聞いて、いかに使いやすいように、よりお客さまへのサービスが向上できるようにという発想でもってやり続けているんです。これは放って置くとそのまま終わっちゃうんですけど、それを仕組みとして続ける。そこが大切だと思います。

渋井　その現場の半数以上を占める女性の能力を発揮で

きる仕組み作りこそが、一番大切なお客さまの利便性向上につながっていくのですね。

池田　そうなりつつあるんじゃないかなと思います。

渋井　御社での女性活躍推進は、ただ女性を登用しましょうではなく、本当に銀行全体が自律的な組織に変わっていくための一つの段階だったという位置付けなんですね。

池田　現在、女性管理職の中核をなすのは三〇代、まだマネージャーですが、ここから五年、一〇年過ぎたら、彼女たちは次のステージに上がって役員や支店長ももっと出てくるでしょう。お客さまの半数は女性なのですから、全店舗のうち半数の支店長が女性であってもいいはずです。僕はそれを楽しみにしているんですよ。

Column①

女性活躍推進の中身の変化と組織の動機

企業が行う女性活躍推進は時代とともに中身が変化しています。今は一つの時代の転換点です。

従来の女性社員支援の中心は結婚や出産など個人的な変化があっても退職することなく、もしくは職場復帰をしやすくするために育児休業や時短勤務を充実させてきました。つまり女性社員が「働き続ける」ための支援を行ってきたといえます。これからは、それに加えて、女性社員が仕事で「活躍する」ための支援を行っていこうとしています。働き続けるだけではなくて、その中で存分に力を発揮してもらうための様々な支援です。

この動きは政治の要請という背景もありますが、インタビューでも多くの金融機関から言及があったように、男女関係なく行職員に成長機会を与えたい、新たな価値創造のために女性の力を活かしたいなどの組織内部の動機から行われています。また、総人員が限られ、年代別の人員構成がワイングラスのようになって、現場の中心となる中堅層の人数が男女ともに少ないなかで女性行職員の多能化、活性化、活躍推進は必然という捉え方もできます。

Chapter 2

第二話

女性活躍の先例を作り続ける取組み

「嫌いな人は作らない。敵は作らない。一緒に仕事をするのに横を向き合っていたのでは、いい仕事ができない」

東和銀行　執行役員・伏嶋登志子さん

●突然の金融庁検査

「伏嶋、いいか、よく聞け。落ち着けよ」

伏嶋登志子は肩をすくめた。平静さを失っているのは電話の相手のほうだ。

「私はとても落ち着いていますよ」

「そうか…」

相手はそのまま黙ってしまった。どうも歯切れが悪い。伏嶋はイライラしながらデスクの時計に目をやった。午前八時五〇分。あと十分で支店のシャッターが開く。支店長である自分も起立して、笑顔で、「おはようございま〜す」と、とびきり明るい大きな声で挨拶して、「ああ、大胡《おおご》支店の支店長は元気だな」とお客さまや行員たちに思ってもらう。これが東和銀行初の女性支店長である自分のこだわりだ。

「あのね、悪いけど電話を切らせてもらいます。そちらの本部と違って、支店の朝は忙しいんですから」

群馬、上州名物といえば〝かかあ天下〟と〝空っ風〟。群馬の女性は強い。働き者で、しっかりしている。口調もざっくばらんだ。

「後でかけ直しますから」

じゃ、っと切ろうとすると、受話器から相手のあわてた声が聞こえた。

「待て、大事な用件なんだ」

「だったら、なおさら落ち着いてからにして…」

「金融庁が来るんだ」

「金融庁…って検査ですか」

「そうだ、金融庁検査が入るんだよ」

伏嶋はごくりと唾を飲み込んだ。

「まさか、ウチの支店にヒアリング対象案件があるんですか」

「大胡は四件だ」

伏嶋はためらいがちに聞いた。

「あの、審査部か審査管理部の誰かが、検査官に説明してくれますよね。まさか私がするなんてことはありませんよね」

「支店長が直接、査定のヒアリングを受ける」

「だって私、融資も渉外も経験ないんですよ。ずっと事務畑でやってきて」

「そんなこと、皆知ってるよ」

大胡支店にヒアリング対象案件があると判明した時点で、「伏嶋は大丈夫か」「伏嶋をなんとかしなければ」と本部は大騒ぎになったという。無理もない。伏嶋が東和銀行初の女性支店長に就任したのは株主総会の終わった六月下旬。引継ぎや夏休みがあって支店長としての経験は正味一ヵ月ほど。預金や為替など事務畑はプロフェッショナルだが、融資や渉外の経験はゼロである。

「ヒアリングでうまく話せなかったら、査定が下げられることもあるんですよね」

決して、そんな事態は起きてはならない。

「とにかく、こうなった以上は頑張ってもらうぞ。東和銀行のイメージを、女性支店長のイメージを、金融庁にうまくＰＲしてくれ。まずは勉強会をやる。今日の終業後からだ。融資課長か渉外課長を連れて審査管理部へ行くように」

電話を切ってすぐに伏嶋は融資課長と渉外課長を応接室に呼んで、金融庁検査があることを伝えた。大胡支店に副支店長ポストはない。

「それで、いつからですか」と渉外課長がたずねた。

「九月一日付けで入って、二日からヒアリング開始。ウチの店は初日ですって」

すでに八月も下旬、二〇日をとっくに過ぎている。

「そんなものですよ、金融庁検査は」

融資課長が前回の検査マニュアルをテーブルの上に置いた。

「短期間で様々な資料を作成して、本部のいくつもの説明会に出て、膨大な通達を読んで、資料の作り直しの繰り返しです。それが直前まで続きます」

「私にできるかしら」

融資課長と渉外課長が顔を見合わせたのを伏嶋は見逃さなかった。バカなことを口にしたものだ。もはや自分の問題ではない。検査のヒアリングを無事通過するかどうかは、支店の問題、つまり彼らも銀行に対して責任を背負うのだ。万が一でも自分がコケたら、彼らもコケる。彼らも必死だ。全力で支店長・伏嶋登志子を支えて、今回の局面を乗り切るほか道はない。そんな彼らがほしい言葉は弱気や不安じゃない。ましてや、融資や渉外の経験がないことを詫びたり、後ろめたい気持ちになることでもない。伏嶋はすぐに前言は撤回する、冗談だと明るく笑った。

「もう逃げられないんだし、やるしかないよね。サポート、よろしく頼みます」

「もちろんです」渉外課長がほっとした表情を浮かべた。「しっかり支えます」

「大丈夫ですよ」融資課長もうなずいた。「本部も応援体制を整えてくれるし、ヒアリングには私も同席することになりますから」

「ありがとう。ごめ……」

言いかけて、伏嶋は言葉を飲み込んだ。

「支店長としての役割を、きちんと果たすからね」

●融資を知らない支店長

金融庁検査までのおよそ一〇日間は目がまわる忙しさだった。本部に何度も足を運び、審査部や審査管理部からヒアリングのポイントを教えてもらう。彼らこそ忙しくてテンテコ舞いのはずなのに、丁寧に、粘り強く説明してくれた。指導してもらった内容を支店に持ち帰って、融資・渉外の両課長と三人で一つひとつ調べて、対策を練る。ああ言われたらこう、こう言われたらこう、といった具合にヒアリングの場面をシミュレーションしていく。支店の応接室が前線基地だった。資料は家に持ち帰れない。それでも、夜、金融庁の検査官と向き合う場面を頭に思い浮かべて予行練習をした。

「頭だってよくないのにね、本当に何だったんだろうね」

現在、東和銀行の執行役員となっている伏嶋は、当時をこう振り返る。

「アパート・ローンが四件だったので、私、まず、現場に行ってね。四軒全部、空室がないということを自分の目で確認することから始めました。自分の目で見たことは、これは大丈夫だって言えるじゃないですか。全部、車で行って現場をチェックして。まあ、大変」

入居者の有無を把握するため、洗濯物が干してあるかどうか外から見てみる。集合ポストにまわり、「物を入れないでください」という貼り紙をチェックする。全く不明な部屋については、電気メーターが動いているかどうかを確認して判断した。融資経験はなくとも、アパート・ローンの返済は空室の有無がカギだと常識感覚でわかる。入居者がいるかどうかの確認手法も長年の主婦経験からおのずと出てきたものだ。

「そういうのを全部チェックして、私は現場を見てきました、っていう感じで金融庁の検査官に言うわけです。恐ろしかったたですよ」

こうして九月二日、大胡支店のヒアリングは実施された。無事に終わった。査定は下げられずに、どうにか切り抜けた。そのニュースが本部にもたらされると「伏嶋が大丈夫だった」「伏嶋でかしたぞ」という声が湧いたと後日、教えてもらった。でも、本当の功労者は別だと伏嶋は思っている。

「課長が隣にいて助けてもらいながらです。感謝してます」

伏嶋は後輩の女性たちには自分と同じような苦労はさせたくないと思った。渉外もやっていない、融資も知らないで管理職になるのは可哀想というものだ。

今、東和銀行の大胡支店長は女性である。第一号の伏嶋に次ぐ、女性支店長第二号である。審査部で経験を積んで、大胡支店に異動となり支店長になった。さらに事務課長から総合職へ転換、渉外で好成績を収めて、渉外係長となり、そして現在、審査部に異動して支店から上がる案件を審査する女性行員がいる。銀行側も融資経験をさせて、それから支店経営をするキャリア・パスを女性に用意しつつある。

●銀行を辞めたくない

伏嶋は一八歳で東和銀行の前身である大生相互銀行に入行した。配属は沼田支店、事務係の担当だった。その五年七ヵ月後、二四歳のときに、結婚と同時に本店営業部へ転勤する。夫とは恋愛結婚で結ばれた。

夫の家に入って、初めて四世代七人家族の一家に嫁入りしたことを知った。義理の父母、祖母、曾祖母、そして夫の弟と妹。翌年には長男が生まれ、五世代九人家族になった。妊娠が判明したとき、伏嶋は義祖母に出産後も勤め続けていいかと相談した。自分が留守の間は、義祖母に子供の面倒を見てもらうことになる。義祖母は了解してくれた。三〇年以上前、ましてや地方だと、長男の嫁は家族の面倒を見るのが当然とされた。朝五時に起きて、家の掃除から始めて、洗濯物を干し、朝食の支度、自分たち夫婦と弟、妹の弁当を作って、身づくろいをして七時に出勤する。一度に一つや二つ同時にやる特技が身についた。フルタイムで働いて、帰宅すれば子供をおんぶしながら家族の夕食を準備し、風呂を掃除し、洗濯物をたたみ、繕いものをする。

「若いからできたんですよ」

ところが突然、義理の父親が病で倒れてしまった。伏嶋は仕事を続けるか悩んだ。長男はまだ一歳にならない。義祖母が面倒を見てくれるといっても、義母は毎日病院通いで大変だった。それでも辞めたくなかった。

「銀行が好きで、勤めていたほうが自分も幸せになれるし、家族も幸せになれると思ったわけですよ。経済的問題も含めて。だから勤めていたほうがいいと思ったんです」

とはいえ、夫の家族に気持ちを打ち明けられない。伏嶋は考えあぐねて、上司の次長に相談した。

「私、勤め続けたいんですけど何とかならないでしょうか」

上司は黙って聞いているだけだった。伏嶋は不安になった。

「あの…」

「心配するな、よくわかったから」

「じゃあ、私、どうすればいいんでしょうか」

「何もしなくていいよ」

「えっ？」

「私が説得してやる」

「でも…」

「仕事、好きなんだろう」

「はい」

「そうか。大変だけど、頑張れよ」

数日後、上司が家を訪問した。勤務で留守だった伏嶋は数年経ってこの事実を知った。上司は彼女が銀行にとって必要な人材であること、仕事熱心で、将来を期待していることを力説した。

「そこまで上司の方がおっしゃってくれるとは」

夫の家族は理解してくれた。特に夫が協力的になってくれた。家族全員でチームを組んで、伏嶋の仕事と家庭の両立を支えてくれた。上司はしばしば提出される有休届に毎回判を押してくれた。しばらくして義父も回復に向かい、なんとか乗り切ることができた。

●もっと挑戦して、もっと成長したい

それから二〇数年、伏嶋は営業店の内勤で働いた。子供は四人になっていた。義理の弟と

妹は結婚して家を出た。介護もあった。昭和から平成に年号が変わった年に、伏嶋の勤め先も東和銀行へ名称を変更した。伏嶋は係長に昇進した。相変わらず子育て、家族の面倒、仕事で目がまわる忙しい日々が続いた。それでも伏嶋は仕事を辞めようと思わなかった。その理由について、本人は、人から何かを頼まれるのが好きだからと分析する。

「自分のことを本当に信頼しているから頼むわけです、相手は。任せてくれる。それはとても嬉しいことですよね。だから若いときから、私、頼まれたらいつも『はいっ』って返事をしました。信頼に精一杯応えたい気持ちで、何事も取り組んできました。たとえば本店営業部にいたら、本店営業部の成績を向上させよう。事務だったら事務の品質を向上させよう。本部から臨検が来たら必ず良い評価を得よう。それが私を信頼してくれた人にできるお返しだからです」

そして東和銀行に足を運んでくれたお客さまこそ、自分たちを信頼してくれた人たちである。だから伏嶋は店頭で誰よりも明るい笑顔、元気な声、キビキビした対応をお客さまに届けようと頑張った。やがて伏嶋は課長を打診された。仕事ぶりを評価された嬉しさがあった。しかし伏嶋の表情は冴えなかった。係長に昇進したときに、義母から「あまり偉くならないでほしい」と釘を刺されていた。四人の子育ての真っ最中である。仕事の責任が重くなると、家庭に負担がいくと心配されたのだ。伏嶋自身も係長で止まるのが良い選択だと思った。伏嶋は昇進を断った。

その後、同期の女性が課長に昇進したことを知った。「おめでとう」と電話で伝えながら、伏嶋の胸中はざわついた。仕事を終えて家で夕食の支度をしながら、伏嶋は自分に問いかけた。なぜ、彼女の昇進を心の底から喜べないのか。そして気づいた。彼女に課長ができるのなら、自分だってやれるはずだ。もっと挑戦して、もっと成長したい。

「自分も課長をやりたい」

課長になれば負担はもっと増えるだろう。それでも、自分の気持ちに正直に生きたかった。新たに本店営業部・課長の肩書を得た伏嶋は、月曜日から金曜日まで、仕事と家庭のバランスをやや仕事寄りに設定した。義母が家事をフォローしてくれた。義母が理解してくれたのは伏嶋の熱意もあるが、〝かかあ天下〟という上州特有の土地柄もあるかもしれない。かかあ天下とは女が働き者だという意味がある。富岡製糸場が建設されるずっと前から、上州では養蚕が盛んだった。この仕事は女性が行った。上州の女性は、春から夏にかけて養蚕に精を出し、秋の収穫を終えると糸挽きと織物にせっせと取り組んだ。彼女らの収入は、男性よりもはるかに高額であった。こうした女性が頑張る風土も、義母に、伏嶋の願いを受け入れさせたのだろう。

伏嶋にとって土・日は休みではなかった。四人の子供たちの部活の送り迎え、父兄の部活当番も回ってくる。土・日くらいは義母に迷惑をかけたくない。朝の五時に起きて、三〇個のおにぎりを作る。子供たちは食べ盛りだ。洗濯をして、七時には出発する。子供たちを「早く、早く」と急かしながら、雑なおにぎりを見て悪いなと思うこともある。そんな伏嶋の心苦しさを、子供たちが追い払ってくれた。

「俺んちの母ちゃんさ、銀行に勤めているんだぜ。いろんな人にありがとう、助かるって言われてさ、ボーナスいっぱいもらってるんだぜ」

友達に話をする我が子の得意気な様子に、伏嶋は目頭が熱くなった。母親の背中を子供たちは見てくれて、自慢にさえ思ってくれていた。嬉しかった。心の中で子供たちと、夫、義母に感謝した。

これからも一生懸命頑張ろう。青空のグラウンドで誓った。

●不祥事、業務改善命令、信頼回復への険しい道

二〇〇三年、伏嶋は職員研修所に異動した。四八歳だった。事務のプロフェッショナルとして後進の育成を期待された。主な対象は女性行員だった。教育・指導は伏嶋の性に合っていた。積極的に多くの行員とコミュニケーションを取り、現場を知り、彼らにとって真に役

立つ研修や教育プログラムの提供に知恵をしぼった。仕事は順調だったが、伏嶋は胸が波立つのを感じた。銀行全体の雰囲気にどこか違和感があった。けれど、それが何かはよくわからなかった。こんな時こそ、とにかく自分の役割をしっかり果たすだけだ。翌年、伏嶋は調査役に昇進した。

二〇〇五年、東和銀行は相次ぐ不祥事によって、銀行法二六条に基づく業務改善命令が下された。伏嶋はやりきれない気持ちで状況を見つめた。今頃、支店は対応に追われているのだろう。お客さまのお叱りを最前線で受け止めるのは営業係の女性行員たちだ。彼女たちがいつも誠実に、お客さまに接していたのは自分がよく知っている。これから銀行はどうなるのだろう。自分たちは間違っていたのか。

「だったら、これから正しい方向に懸命に進めばいい」

今、できることはそれだけだ。伏嶋は研修所にいてよかったと思った。新たな東和銀行を創る人材の育成を担うことができる。それがお客さまへのお詫びであり、これまで銀行を支えてきたOB・OGに対する義務だと思う。なんとしても東和銀行への信頼を回復させなければならない。

●新体制スタートと積極的女性登用

六月、経営陣に旧・大蔵省出身の吉永國光氏が迎えられた。

吉永氏を迎えた新経営陣は財務の健全化を図る一方で、精力的に組織の改革を推し進めていく。不祥事の再発防止には事務の強化が欠かせない。

「じゃあどうするかとなった時に、何人かの女性事務係長がものすごく真面目に、現場でしっかりやってくれていた。そういう女性のきめ細かさに経営陣が気づき、これは女性というのは事務をするのに適しているという判断で、その年に一気に八六店舗の八割近くで女性の係長が誕生したんです」

官僚出身の吉永氏がこれほど大胆な女性登用を仕掛けるとは意外な感がある。しかし、吉永氏は女性が能力を有するのを、仕事において男性と遜色がないと確信していたに違いない。それは前職の国際協力機構（ＪＩＣＡ）での体験が大きいのではないか。ＪＩＣＡの理事長は緒方貞子氏であった。後年、吉永氏はインタビューを受けて、緒方氏から「判断に困ったらまず現場に飛べ」と教えられたと答えている。緒方氏から学んだ現場主義と女性の大きな可能性、これが東和銀行の女性活用のルーツとなったといっても過言ではないだろう。

二年後の二〇〇七年、吉永頭取体制がスタートする。女性の活用は職場リーダーの育成から大きく前進し、支店長への登用を目指していく。

「おっ、伏嶋、異動だぞ」

朝、出社した途端、声をかけられた。職員研修所に五年も籍を置いている。そろそろ異動を覚悟していたが、やはり寂しい。研修所の同僚たちとはだいぶ気が合っていた。東和銀行の職員定年は五五歳である。あと二年だ。この職場で定年を迎えられたらと心の中で思っていた。

「異動先はどこですか」

「本店営業部だ」

目に涙が浮かんできた。やはりこの職場を離れるんだと実感する。

「どうしたんだ、伏嶋。泣いたりして」

「寂しいからですよ、皆と別れるのが」

「お前さあ、職場で泣くのはご法度だって、新人研修で注意してたよな」

「言いふらし禁止。トップシークレットです」

「任せてくれ、嬉しくて泣いたって言いふらすよ。当行第一号の女性次長に抜擢されてね」

伏嶋は涙でぬらした目を大きく見開いた。

「まさか、冗談でしょ」

「おめでとう、大抜擢だな」

伏嶋は異動リストを見つめた。本店営業部・次長・伏嶋登志子。入行して四五年、夢にさえ思っていなかった。頬を熱いものが伝わる。

「なぜ泣くんだ、伏嶋」

「嬉しいんだか、寂しいんだか、自分でもわかりませんよ」

誰かが、どこかで、自分の仕事ぶりを見ていてくれた。評価してくれた。信頼してくれた。だから頑張らなくちゃいけない。それだけはわかっていた。

●東和銀行初の女性支店長誕生

六月、金曜日の夕方だった。

「伏嶋、ちょっといいか」

呼ばれて、すぐに部長の前に立った。机の上に人事異動の封筒が置かれていた。

「異動だってさ、伏嶋」

「ええっ、どこですか」

「大胡支店。支店長に昇進だ」

「ええっ！　嫌だ〜、何〜、それ」

突然の辞令だった。

「支店長なんかとてもできません。私、融資をやったことがないんですから」

「つべこべいうなよ」

部長は笑いながら、けれどきっぱりした口調で言った。

「組織の命令だぞ」

嫌だったら辞めなければいけない。当たり前の話だ。けれど辞めるなんて考えたくもなかった。

「普通は五五歳で職員定年じゃないですか。だけど、頑張っている人は特例のようなもので、そのままの職位で働かせてもらえる。私もそうだったんですよね」

一晩眠れず、家族にも打ち明けられなかった。翌日の午前中、思いあぐねていた伏嶋に電報が届いた。表紙に色とりどりの押し花が美しくあしらわれている。開くとお祝いと記されていた。

『伏嶋支店長おめでとうございます。心よりお祝い申しあげます。当行初の快挙！　ガラスの天井を見事に突破し、私たちに勇気と喜びを与えてくださいました。私たち自慢の支店長

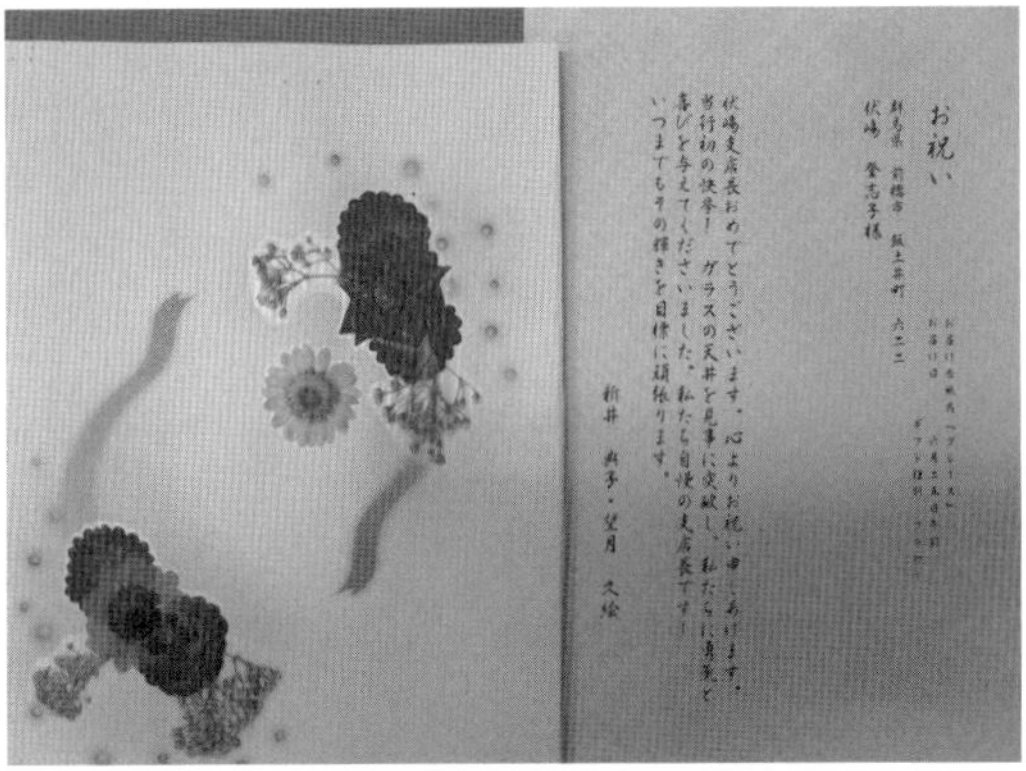

です！　いつまでもその輝きを目標に頑張ります』

伏嶋の目から涙があふれた。親しくしている後輩の女性たちが送ってくれた。自分は何を考えてるんだ。こんなに応援してくれる人たちがいて、皆が私の後をついてくるんだから、踏み出さなくちゃならない。

伏嶋は電報を大事にしまった。それから家族に支店長になることを伝えた。みんな喜んでくれた。

二〇一一年六月、東和銀行初の女性支店長が誕生した。五六歳だった。

●お客さまを気持ちよくお迎えする

早朝、駐車場に車をつけた。ひと呼吸してから降り立って、大胡支店の建物を見上げた。

「建物を見た時、ああ、私はここを守っていかなければならないって思いました。この建物、一緒に働く仲間、ここに来てくれるお客さまを、自分は大黒柱、中心になって守っていかな

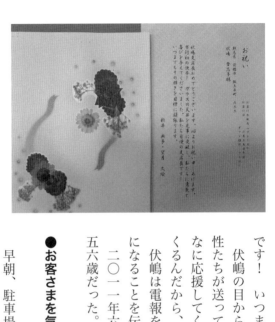

ければいけないって」

伏嶋は一歩を踏み出した。しかし、すぐに足を止めた。建物を囲む草木がすっかり枯れている。後ろを振り返って駐車場を見やった。こちらも同じだ。雑草も生え放題である。伏嶋は肩をすくめた。玄関は、お客さまが気持ちよく入ってこられるように、きれいにしておかなければならない。

「そういうものが枯れたりしていては、恥ずかしいわ」

夫は花が好きだった。そこで夫婦一緒にしばらく日曜日に草刈りをした。夏の盛りに汗まみれになって、草をむしり、プランターに花を植えて、ＡＴＭコーナーにもいっぱい花を飾った。隣の家の草も刈る。駐車場の車の出入りなど、知らずに迷惑をかけていることもあるからだ。毎朝、開店前に行員皆で掃除をし、花に水をやり、花の手入れをした。ある日、お客さまが「いつも花がきれいね」と言ってくれた。嬉しかった。行員たちとガッツポーズした。

「土日も居てもたってもいられなくて。近かったせいもありますが、水やりに行きました」

支店は休みでもＡＴＭでお金を下ろしにくるお客さまがいる。「いらっしゃいませ、ありがとうございました」と声をかける。相手も笑顔で返してくれる。時々、家の建替えをするつもりだとか、息子が保険に入りたいなどと相談を受けることもある。悩みを打ち明けられる時もある。地域の様々な情報が新任支店長にもたらされた。

大胡支店は支店長を入れて一一人体制であった。就任挨拶のとき、伏嶋は「明るく、楽しく、みんなで力を合わせて頑張りましょう」とだけ言った。初めて支店長を任じられたときは熱弁をふるいたくなるが、伏嶋の挨拶はあっさりしていた。

「そんな感じですよ、私が言えることなんて。お客さまを気持ちよくお迎えしましょう。それしかないんですよ、私の取柄って」

融資はわからない、渉外も経験していない、その中で自分に今できることは何だろうと伏嶋は考えた。

「私がこれまで銀行でキャリアを積んできたのは事務だ。その事務では全店のトップになろうと決めました」

事故のないように、苦情のないように、トラブルのないように、このポイントに気をつけようと声かけをする、お客さまを迎える時には明るく大きな声で挨拶するなど、内勤事務に精通している伏嶋は、丁寧に、熱心に、そして細かく指導した。相手のやる気を高めて、新しいことに挑戦させるのはやさしいことではない。そこは研修所での経験が活かされた。年に一回、本部監査がある。大胡支店は見事に全店で一位に輝いた。

●謙虚さと学びの姿勢

大胡支店には男性行員が三人いた。融資課長（事務課長兼任）、渉外課長、渉外課係長である。伏嶋は男女関係なく、正行員・パート雇用関係なく、部下たちと良好な関係を築こうと努力したが、特に融資課長と渉外課長とのリレーションシップには気を配った。融資、渉外の経験がない伏嶋にとって二人からの支えは大切だ。相手から支えてもらいたいのなら、まずは自分が相手を支えること。リーダーの仕事は命令、指示するばかりじゃない。部下たちが成果を出すための手助けだって仕事のうちだ。そう考えた伏嶋は、二人の仕事をフォローした。たとえば融資課長は事務課長を兼任していた。大胡支店に副支店長は置かれていない。したがって実質的には、副支店長の役目もする一人三役を課せられていた。それを伏嶋はフォローした。

「融資以外のことであれば、研修の管理だとかいろいろ、副支店長のやることなら私でもできることがあるんですよ。彼が融資課長、事務課長だけすればいいように、副支店長の仕事は私がやりますからと、できることは全部フォローしました」

渉外課長も大変そうだった。課員は係長一人だけ。それで数字を取らなければならない。

「だから、預金が足りなかったら、私自ら、保険でもなんでも投資信託でも、よし行くぞ〜、みたいな感じでお客さまのところへ出かけたり、電話をかけたり。個人でも法人でも。融資の売り込みまではできないけど、内勤でも営業活動はやっていましたから」

支店長自ら、できることで部下たちをフォローした。といっても、取引先の社長の会社に一人で訪問したときは、一歩がなかなか踏み出せなかった。

「行かなければならないと思うけれど、その駐車場に着いても、どうしようと思って一歩が踏み出せない。そこで、私は支店長だ、こんなことしていてはダメだ、と思い直して、なんとか一歩を踏み出したんです」

心の内は緊張でいっぱいでも、玄関に着いたら「おはようございま〜す」と、とびきり明るい大きな声で挨拶をした。すると、大胡支店の支店長は元気だな、と社長や社員の方々に受け入れてもらえた。

それでも、当初、法人先とのやり取りは苦労した。

「あれっ、社長、これどういうこと」

決算書の数字がわからず質問すると、

「はあ？　なんだかな〜」

そんなこともわからないのか、という顔をされる。

でも伏嶋はめげない。

「わからないことは社長に教えていただくという、素直な気持ちに徹しました」

ここはどうなんですか、ここはわからないんです、というふうにざっくばらんに教えを乞う。伏嶋の謙虚さと学びの姿勢は経営者たちの心を開いていった。そのうち、伏嶋が訪問すると「やあ、支店長、どうぞどうぞ」とすっかり打ち解けて、お茶を飲んで、いろいろと話すようになった。伏嶋はもっぱら聞き手に回った。自分で話すよりも、社長の話をしっかり聞いて、その話からいろいろ引き出すという具合だ。

「自分ではあまり話ができないから（笑）」

結果オーライだった。話を聞いたほうが情報もとれるし、何より社長たちが喜んでくれた。

●感謝の気持ちを自分の色で表現

東和銀行は六月と一二月に来店感謝デーを開催する。期間は二日間。たとえば二〇万円預金してくれた顧客には銀行のキャラクター・グッズをプレゼントするなど、各支店の予算内で独自にやり方を決めることができる。もちろん預金をしてもらうのがいちばんの狙いだ。

「だけど日ごろの感謝の気持ちをどうにか、私の色で表したいと思ったんです」

伏嶋の実家は農家だ。弟が継いでいる。群馬県北部にある農業生産地で、レタスや有機キャベツなど収穫されたものは都市部や企業に出荷されるものも多くある。切花や鉢花も作付面積は全国の五指に入る。最近、農産物直売所ができた。開館以来、いつも県内外から訪れる人々でにぎわっている。伏嶋は実家の弟と交渉して、朝採りレタスなどの野菜と花をプレゼントすることにした。お客さまの喜ぶ顔が見たかった。

たとえば夏の来店感謝デーのときは、伏嶋は朝四時起きして実家を訪れる。採りたての野菜を車に積んで支店に持っていき、お客さまに振る舞う。レタス、キュウリ、玉ねぎ、トマトなど、いろいろお客さまに選んでもらう。好きなものを何でも、好きなだけ持っていってもらうのだ。山ほどの荷物を持ったお客さまが笑顔で「ありがとう」と言って帰って行く。その姿を見るのが本当に大好きだった。感謝デーのときは真っ先にハッピを着た。

自分の思うように支店の色を染められるのが嬉しい。支店長はプレッシャーがある、苦労もある、悩みも多い。それでも後に続く女性たちにぜひ支店長を経験してもらいたい。支店を自分の色に染めて運営できるのはやり甲斐がある。

「支店長でなければできないですよ。おもてなしでお茶を一杯出すのでも、飴をちょっと添えるとか、そういうのも提案して。咳が出ていれば水をお持ちして、よくお見えになるお客さまには飴をさしあげたり。そういうこともできました。予算もあります。考えるだけじゃなくて、実現できるんです」

伏嶋は営業中、支店内で赤ちゃんが泣いていれば抱っこに行く。手続きをしたいけれど、赤ちゃんが泣いていて伝票に記入ができず、あきらめて帰るという母親は意外に多い。自身の子育ての経験でそれがわかる。だから「私がお預かりしてますよ。抱っこしてますから安心して書いてくださいね」と申し出る。母親は嬉しそうな顔をする。

「それを自ら示すことで、部下だって何かあればやってくれるわけです」

大胡支店は部門賞を獲得した。調達部門―預金を集める部門―で全店トップに輝いた。

●押し花の電報が励ましに

支店長として二年ばかりが過ぎた頃、伏嶋に大きな転機が訪れた。

その日、伏嶋は本部に呼ばれた。はっきりした用件は告げられなかった。前橋の本店に着くと九階へ案内された。副頭取が部屋で待っていた。伏嶋は出向の辞令を覚悟した。

「執行役員になってくれ」

伏嶋は頭が真っ白になった。どうするか。大胡支店一店舗の支店長をやったくらいで、普通ならば執行役員になれない。女性は応援してくれるだろう。だけど男性行員たちは、きっと、周り一〇〇人敵になる。当たり前だ。たくさんの人を飛び越えることになるのだから。なんだ伏嶋は、って皆思うはずだ。あの人役員になって当然だよ、と思われたら普通に威張っていられるかもしれない。けれど、たかが大胡支店一店舗の支店長をやっただけで役員なんて、何やってんだみたいな感じだろう。頭取は何を考えているんだ、アベノミクスの波に乗っただけじゃないか、東和銀行の広告塔だよって、自分でも思うくらいだから、他の支店長の気持ちは推して知るべしだ。

「返事はどうかね」

伏嶋はこぶしをきつく握りしめた。嫌だと言ったら辞めざるを得ない。受けるか、それとも銀行を辞めるか。伏嶋の脳裏にふっと、押し花の電報が浮かんだ。

『ガラスの天井を見事に突破し、私たちに勇気と喜びを与えてくださいました』

やっぱり銀行とサヨナラはできない。負けるわけにはいかない。伏嶋の覚悟は決まった。

「謹んで、お引き受けいたします」

二〇一三年一〇月一日、東和銀行初の女性執行役員が誕生した。伏嶋は職員研修所所長兼人事部部長として、研修や男女共同参画などを担当する。五九歳。入行して早四〇年あまりが過ぎていた。

風当たりもあった。支店長会議で初めてひな壇に登った。執行役員として紹介されて立ち上がる。冷ややかな視線が向けられた。おざなりな拍手が起こる。普段、気軽に話しかけてくれていた人たちもそっぽを向いた。相手の気持ちはよく理解できた。だから余計につらかった。最初はどこに出るのも嫌だった。

「もう、しょうがない。やるっきゃない。何を言われても耐える（笑）」

●仕事と家庭を両立しやすい環境整備は男性にとってもよいこと

翌年、東和銀行は男女共同参画委員会を立ち上げた。働きがいのある職場づくりと、仕事と家庭を両立しやすい環境整備を進めるのが狙いだ。委員長は伏嶋だ。支店から男性三人、女性五人がメンバーとして参加している。人事部と職員研修所が事務局でサポートする体制である。

この共同参画委員会の提言で育児休業が有給化された。これまで育児休業を取っている期間は無給であった。それを改定して七日間を有給休暇とした。対象は男女共である。東和銀行はすでに男性でも出産休暇が三日認められている。ただ、制定されたからといって誰もが取得するかといえば否だ。男社会の文化という壁もある。だから制度を利用してもらえるように声かけしたり、働きかけをしなければいけない。壁を乗り越える推進力となるのだ。それが委員会の役目だと伏嶋は言う。

「男性にとってもよいことなんですよ。介護の問題で困ったりしないよう、組織の風土を変えていかないと」

今年、二〇一五年に東和銀行は二回目となる〝くるみん認定〟を受けた。厚生労働省による認定通知書交付式で壇に立って、伏嶋は〝プラチナくるみん〟を申請する意気込みを語った。これから女性のみならず男性の育児休業等の取得率の向上や時間外労働の削減に取り組んでいく。それが優秀な人材の確保につながり、お客さまの喜びと銀行の発展をもたらすと信じている。

インタビューの最後に伏嶋の〝こだわり〟を質問した。

「私いつもね、嫌いな人は作らない。敵は作らない。一緒に仕事をするのに横を向き合っていたのでは、いい仕事ができない。いいところを見て、絶対に嫌いな人は作らないぞと思っています。自分が今日は我慢しようと思えば我慢するし、言うときにはきちんと言って。すると、たとえ誤解が生じていても、誤解が解けることもあるんです」

伏嶋は道を拓く人であり続ける。女として、妻として、母として、そして大好きな銀行員として。

Column②

女性活躍推進の三つの方向性

一口に女性活躍推進といっても三つの方向性があります。

金融機関では伝統的に多くの女性行職員が担当してきたのがテラーや預金係、為替係などですが、その店内業務の多能化を図っていくという方向性が一つ。それにこれも多能化の一種ですが、融資係や渉外係に登用していく方向性。そして、役職を上に上げていくパターンです。さらにその中から支店長のような上級の管理職になっていきます。

活躍推進を議論する場合、この方向性の違いをしっかりと認識する必要があります。会議や打ち合わせでも人によって女性活躍推進を「管理職やリーダーを作る」という意味で言っておられる方と、「融資や渉外をやらせる」という意味で言っておられる方と両方いらっしゃって、話がかみ合わないということがたびたび起こります。それぞれの金融機関の状況によってどの方向性が中心となるのか、優先順位をつけて順番でやっていくのか、同

『女性活躍推進の三つの方向性』

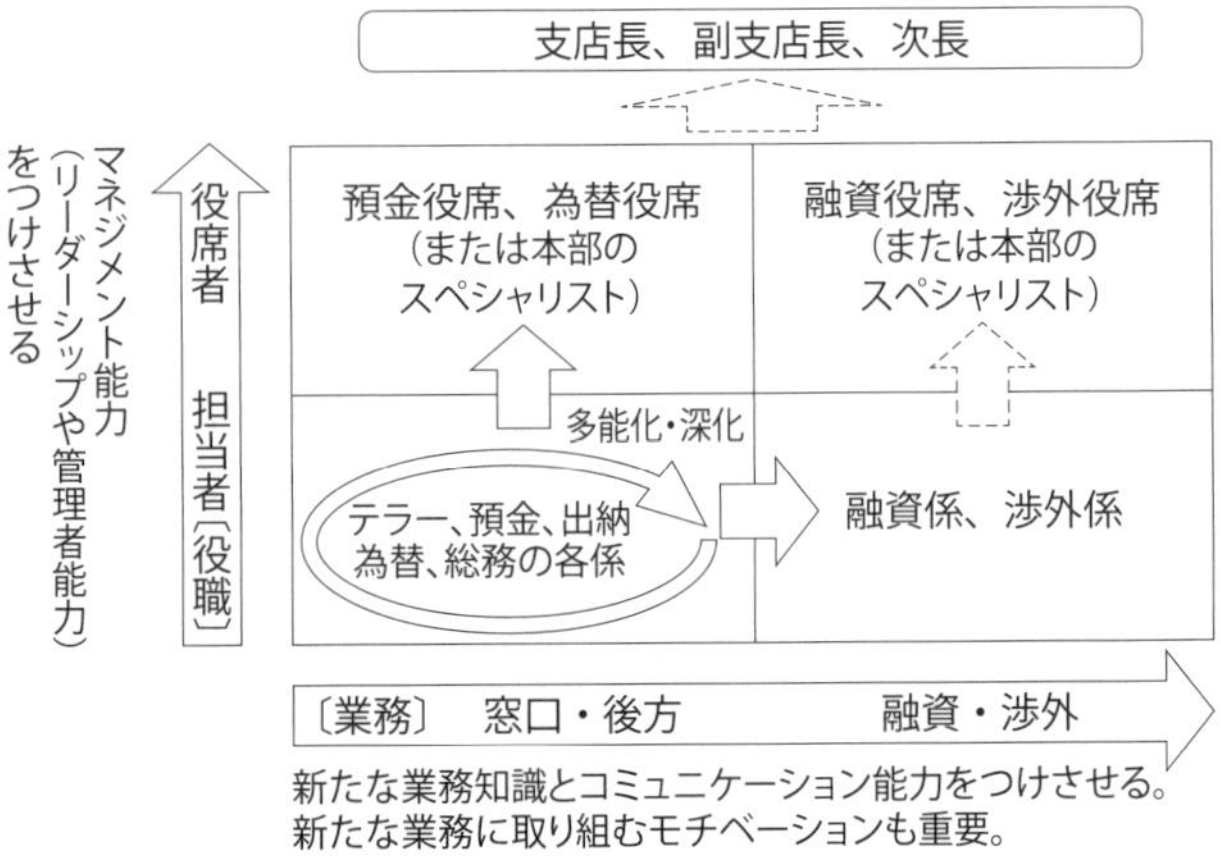

『女性活躍推進』の方向性を関係者間で意思統一する必要がある

時並行でやっていくのかは分かれるところですが、方向性によって育成対象者や育成手法も違ってきますので、それを峻別して議論して、女性行職員当人も含めて意思統一する必要があります。

「渉外に男女の差はない。約束を守って、一所懸命相手の話を聞いて、信頼関係を少しずつ築いていくしかない」

東和銀行　伊勢崎支店長・北爪　功さん

●二名の女性渉外を有する伊勢崎支店

渋井　伊勢崎支店は二〇一四年下期に全店トップの優秀賞を獲得したとか。

北爪　はい。推進だけではなくて、事務から何までひっくるめたトータルな表彰なんです。正直言って、いちばんいい賞がとれたんで、本当によかったと思っているところです。

渋井　おめでとうございます。素晴らしいですね。

北爪　やった甲斐がありますね。みんなで目指してやってきてますから、みんなが喜んでくれるので本当に嬉しいです。もらった時は、すでに次が始まっていますけど。

渋井　伊勢崎支店は何人いらっしゃるんですか。

北爪　人数は今、三四人ですね。課でいうと、事務課があって、融資課があって、渉外課、そして法人渉外課があるんです、当店は。法人渉外課は大型店だけにあります。

渋井　群馬県の伊勢崎エリアは企業さんが多いですものね。

北爪　ええ、多いです。

渋井　融資課と渉外課、それぞれに女性がいると聞いています。融資課に女性は何人いらっしゃるんですか。

北爪　融資課は男性の課長が一人いて、その下に女性が三人います。

渋井　渉外のほうは？

北爪　渉外は、法人渉外課長と渉外課長が男性で一人ずついて、その下に課員が六人です。そ

のうち二名が女性です。

渋井　北爪支店長が伊勢崎支店に着任した頃に、すでに女性渉外はいたんですか。

北爪　そうです。実は、私は伊勢崎支店の前は営業推進部だったんです。支店職員の担当とかやっていまして、銀行として女性渉外を新規で配置した時に、配置する側の立場で本部で仕事をしていました。

渋井　女性渉外を新たに設けるプロジェクトに関わっていたのですね。

北爪　ええ、私は推進部に二年半いたんです。その間に始まりました。

●女性渉外を営業店に配置した背景

渋井　どのようなきっかけで女性渉外を支店に置くことになったんですか。

北爪　今、当行の人員構成ピラミッドの、ちょうど三〇歳から三五歳ぐらいの人かな、ある一定時期のところが少ないんです。採用を抑えていた時があったんですね。それでもう、女性にも渉外をやってもらわないと銀行として渉外の人数が確保できないということと、あとは女性たちにも機会を与えるべきだという考え、この両面です。

渋井　女性渉外の配属はいつから始まったんですか。

北爪　二〇一二年です。

渋井　現在、女性の渉外は何人ですか。

北爪　一六店舗二九人です。

渋井　当初からその人数だったんですか。

北爪　いいえ、違います。最初は、六店舗に一〇人でした。それから毎年五店舗一〇人ずつぐらい増やしていって、三年経って現状の人員です。

渋井　配置は営業推進部の主導ですよね。

北爪　そうです。

渋井　どういった点に気を配ったのでしょうか。

北爪　たとえば、先ほどお話ししましたが、伊勢崎支店は渉外が二課制です。

渋井　渉外課と法人渉外課の二課制ということでした。

北爪　そうです。最初の女性渉外たちはこの二課制のところに入れたんです。ですから、結果的に大型店から配置されました。

●女性渉外の育て方

渋井　その理由は受け入れ側の負担減ですか。

北爪　そうですね。特に直属の上司となる課長の負担が大きいので。研修もやりますが、渉外の実務は毎日の業務を通して一から教えていかなくてはなりませんから。最初はつきっきりと言ってもいいぐらいのフォローをしなければいけないんです。

渋井　すると、どのように訪問先のチャイムを鳴らすか、ドアをノックするか、から教えていったのですか。

北爪　ええ。なので、最初は同行訪問を多くしました。さらに訪問時のあれこれだけでなく、外出前の処理から、帰店後処理など一から教えていくんです。

渋井　まさに手取り足取りだったんですね。

北爪　まあ、初めてのことがたくさんありますからね。

渋井　地区割りはどうされたんですか。支店の判断にお任せですか。

北爪　地区割りもちゃんと指導しましたね、本店のほうで。地区割りは店周と外周の二つに分かれているんですが、女性渉外担当者は店周からスタートさせることにしました。

渋井　配慮が行き届いていますね。

北爪　そうですね。とにかく初めてのことですから。今、総合職で入行してくる女性は渉外をやる前提で入ってきますが、当初はそうじゃない。突然こういう制度になったよということで、やっぱり配慮してやらないと。

渋井　東和銀行さんは総合職と一般職のコース別採用になっていますが、総合職でも女性は渉外じゃなくてもいい、という時期が続いていたんですね。

北爪　そうですね、こういう制度ができるまでは、まさか渉外をやるとは夢にも思っていなかったでしょうね。

●受入れ側の反応

渋井　支店長たちの反応はいかがだったんですか。

北爪　最初は戸惑ったでしょうね。男だけでずーっとやってきたところに女性が入るんで、戸惑いはあったと思います。でも、銀行として決めたことですからね。ちゃんと皆さんやりましたけれど。

渋井　抵抗はなかったんですか。ウチはちょっと勘弁してほしい、と言う支店長もいたのでは？

北爪　いたと思いますね。本音をいえば、困ったなというのは、最初はあったんじゃないでしょうか。

渋井　それでも皆さん、きちんと育成したわけですよね。

北爪　組織人ですから、トップが決めた以上は、現場でマネジメントする側は知恵をしぼって、工夫して対応するしかないんですよ。業績推進だって女性活躍推進だって、そこは一緒です。

●女性部下への声かけの成果

渋井　私は金融機関さんの女性営業育成のお手伝いを、研修やコンサルティングを含めて、数多くの案件に携わらせていただいております。そんな中でうまくいっているケース、逆に行き詰まり気味のケースなどもありますが、行き詰まりになるケースで多いのが、女性営業が孤立してしまうことです。女性でも勇気を出して男性上司に聞ける人もいますが、それは少数派です。一方で、男性上司がどう接していいのかわからなくて、遠慮してしまって、結果放置してしまうことも起こりがちです。

北爪　私は話しかけますよ。

渋井　支店長さんのほうから声をかけるんですか。

北爪　あっちからは話しかけてこないですよ。私はけっこう話しかけるほうだと思います。まあ、声かけは女性のほうに多くしています。

渋井　どんなことを話すんですか。

北爪　大した話はしませんよ。「大丈夫かい、困ってることない」くらいなんですが、ずっと話しかけるようにしているんです。そうするとある時から、渉外らしい発言が出てくるようになるんですね。最初は「大丈夫です」とか「ありがとうございます」とか言っていたのが、「こういうふうにちょっと悩んでます」とか言うようになってくるんです。

渋井　そういえば、先にインタビューした高崎支店の渉外の女性も「まだまだ戦力になっていない。足を引っ張りたくない。自分で努力していかなくてはいけない」と言っていました。

北爪　そんなふうに女性はよく言います。支店の業績につながっていないと思うんで申し訳ない、とか。しかし、そういうことを言うようになったら、渉外として一人前なんですよね。だから、そんな言葉が出るようになると、成長したなと思いますね。

渋井　伊勢崎支店の渉外の女性はいかがですか。

北爪　はい、おかげさまで。当店の女性渉外は二年目と三年目の行員なのですが、先日も二年目の女性渉外が、「なかなか数字が上がらなくて困る、どうしたらいいんでしょうか」と言ってきました。

渋井　本人は悩んでいるのでしょうが、上司からすれば成長の証なんですね。

北爪　ええ、具体的な話も出てくるようになって。「預かりが一〇〇万とかもっと取れると思っていたのに、普通預金から振り替えてと提案してみたら、二〇万しかしてくれなかった。がっかりしちゃうんですけど、どうしたらいいんですか」とかね。本当にだんだん渉外らしい発言をするようになってきました。

渋井　一日平均で一人につき、どのくらい声をかけていらっしゃるんですか。

北爪　必ず一回は話すようにしているというイメージです。それもなかなかできないんですよ。意識しなければ本当にできないですよね。ああ、今日話してなかったな、と思うことがあります。支店行員が三〇人以上もいると。それでも女性渉外の二人にはなるべく話そうと心がけています。渉外っていう厳しいところに飛び込んでいるわけだから。本当に、少ししか話すことはできませんけれど、ほぼ毎日、話はするようにしています。

渋井　その時は当人だけでなく、他の担当者も話を聞いているんですか。

北爪　私はみんなの前で話しますからね。

渋井　時間帯は決めていますか。

北爪　それはいろいろです。ただ、朝は渉外の部屋には行かないんですよ。

渋井　理由は？

北爪　支店長が朝昼晩行くと可哀想だから(笑)。だから昼と夕方に渉外の階に上がるんです。

夕方はちょっとゆっくり目に。それで、けっこうみんなに聞こえるように、形式張らないで、仕事しているところに近寄って声をかけたりするんです。

●女性渉外の目標数字をどう捉えるか

渋井　一般的には、どこの金融機関でも、渉外の仕事を敬遠する女性は多いですが、そのいちばんの理由は「数字のプレッシャーへの不安」です。

北爪　それは男性も一緒です（笑）。

渋井　目標数字の男女の差はあるんですか。

北爪　それは課長が決めるんですけど、最初に導入したときに女性のエリアを店周地区で少し小さくしたんで、結果的に女性のほうが少なくなってるケースが多いですね。

渋井　伊勢崎支店は全店トップの成績を獲得しているわけで、率直に聞きますけど、北爪支店長は数字のプレッシャーをかけるほうですか。

北爪　潰れちゃうような数字のプレッシャーをかけるというのは、女性に限らず若い人にはしません。もちろん、渉外ノートに「達成すること」と書いたり、判子を押したり、それはします。でも、「なんでお前これできないんだ」とかはないです。ちょっとは気を遣っているつもりなんですけど。

渋井　数字の達成は必至、だけど潰れるようなプレッシャーはかけない。

北爪　「数字なんかどうでもいいよ」とは言わないですね。「気にすることはない」とは言うかもしれませんが。

●悩みを抱えた女性渉外へのアドバイスとは

渋井　先ほど、二年目の女性渉外から「なかなか数字が上がらなくて困る」と打ち明けられたとありましたが、どう答えていらっしゃるんですか。

北爪　それに対しては、自分もそうだったけれど、「最初から毎日取れるような甘いものじゃないんだから、やるべきことをコツコツやってもらえばいいよ」と言います。最初からなかなか取れないですよ。

渋井　〝やるべきこと〟とは？

北爪　まずはきちんと訪問すること。それと、情報を取ってくることですね。

渋井　特に女性営業の場合は、悩みを抱え込む傾向にあって、ネガティブになり始めると悪い方向にどんどん進みがちになりますから、訪問頻度管理、行動管理はより一層しっかりやる必要がありますね。

北爪　そうですね。私も渉外ノートはよく見るほうなので。もしノートを見て、あんまり件数がなかったりすると、「どうしたの？　なんでこんなに少ないの？」とは言います。

渋井　各担当者のノートに目を通すんですか。

北爪　それほど細かくは支店長ですから見られませんけれど、ただ、見ますね。見て話しかけたりしています。

渋井　気にしてもらえるのって、嬉しいですよね。

北爪　そう思いますね、自分もそうだし。やることやらないと、怒ったり注意したりするんでしょうけど、やっぱり最低限、渉外ノートを見ていると、訪問はしているし、行ってなければ書けないようなコメントをちゃんと書いたりしているから、まあこのぐらい訪問していればいいかなというふうに思います。コツコツですよ。そんなに一気にできませんから。

渋井　支店長さんからそう言われた時に、皆さんどういう反応をされますか。

北爪　申し訳なさそうな顔しますよ、やっぱり。それでいいんですかって。人数がいるからいいんだよ、何とか全体で数字は作るから、そんなに大きくやろうとしないで、コツコツやってもらえばいいよ、なんて話をすると、申し訳ないです、という顔はしますけどね。いいんだよ、いいんだよ、と。

渋井　上からそう言ってもらえると、自分もやらないと、って思えてくるのでしょうね。

北爪　やっぱり何とかしなくちゃならない、と思えば、それが渉外の一歩目ですよね。まあ数字を意識しなくていいとは決して言ってません。意識してもらわなくちゃ困るんですけれど、数字が取れないからといってダメになっちゃうのはもっと困りますから。

●支店内の「情報会議」は担当者の悩みを聞く場でもある

渋井　〝やるべきこと〟で、情報を取ってくることにも言及されていました。

北爪　私、たまたまということもありますが、今の店は三回目の勤務なんです。珍しいんですけど、新入行員、副支店長、支店長として身を置いて、お客さまのことも詳しいので、渉外が訪問しているお客さまでも知ってる人がいますから、あ、この人元気かい、とか、この人昔こうだったんだよ、とか、次に俺の名前を出していいよ、なんて話すことがあります。

渋井　つまり、この人ならもっといろいろな話が出てくるはずだぞ、もっと情報を取れというメッセージ込みですね。

北爪　当店は情報会議というのをやっているんです。これは銀行からやれと言われているのではなくて。

渋井　北爪支店長の方針なんですね。

北爪　はい。これは、どんな情報があったとか、その発表なんですね。法人渉外課と渉外課は別にやるんですけど、課ごとに手を止めて、他の人の発表を聞くことにしているんです。たとえば、今日、こういうところに行ってきて、こういう話があって、こういう問題点があるんだけれど、私としてはこういうふうにやりたいんだけど、どうでしょう？　というような話ですよね。そうすると、そこでパッと決めてあげると気が楽じゃないですか、じゃあ、こういうふうにすれば、というのを支店長、副支店長、融資課長を交えて週に一回ぐらいやるんです。

渋井　情報の発表会ですね。

北爪　基本的には仕事を止めて、皆の話を聞くんです。皆が何を悩んでいるかとか、どういう意見があるとか。

渋井　じゃあ、支店長さんわざわざ渉外課の部屋に行くんですね。

北爪　融資課長や副支店長も上の階に上がってきて、渉外の机を囲んでやるんです。それで、若い渉外は女性も含めて最初は何もないんですよ、情報が取れてないから。そうすると、ずっと聞いていて、寂しい思いをしている。課長が「何かあるかい？」って聞くと、「ありません」と。そうすると次は何かちょっと言いたくなるじゃないですか。そういう効果もあるんです、その会議には。

渋井　情報をつかむことに対する欲が生まれるんですね。

北爪　そうですね。ちゃんとした、いい情報じゃなくてもいいんです。まずは情報を多く取ってきたりとかね。先輩たちが発表する情報を聞いてもらうだけでも、ああそういうことなんだってわかってくれればいいし、やっぱり何もないと恥ずかしいな、と感じるようにするのが育成の一歩だと思うんです。まあ、こんな話がありますと得意になって言えるような情報を取りたいと頑張るようになればいい。

渋井　渉外の実績を作るのは案件の数。取ってくる情報の数が増えないと、案件の数も増えないですものね。

北爪　千に三つですから。

渋井　千件の情報を取ってきてようやく案件三つくらいになる、ということですね。情報会議や渉外ノートのチェックを通して、数字に悩むのではなく、まずは実績の種となる情報をいっぱい拾ってくる意識

を身につけさせているのですね。

北爪　今まで見て、聞いていたのに素通りしていた情報を、キャッチできるようになるんです、そうなると。自宅の前に置いてある車が新しくなったとか、部屋に飾ってある絵が変わったとか。

渋井　お客さまの話を聞く態度も変わりますね。

北爪　短い訪問時間の中で常に多くの、新しい情報を取ろうとするから、より真剣に、お客さまへの関心・興味のアンテナが立つでしょうね。

渋井　そうした態度はお客さまの信頼を得ますね。これまで話さなかったことも伝えてくれるようになると思います。

北爪　数字を追っていたり、案件を探してしまうと、お客さまとの信頼関係が育たない。けれど、まずは情報をひたすら求めていると、お客さまとの距離が縮まり、信頼度が増す。その結果で案件も増えて、数字も伸びるんです。

渋井　そのプロセスを体感して学ばせていくために、情報会議はとても大切ですね。

北爪　そこに男女の差はないです。私たちのような、地方の金融機関の営業は本当に泥臭い。近いところでやって、約束を守って、一所懸命相手の話を聞いて、信頼関係を少しずつ築いていくしかない。毎日ちゃんとやっていれば、いざという時に、こっちが困った時に頼むこともできるし。

渋井　●●さんがいるから取引しているんだよ、となる。

北爪　そうした言葉をお客さまからいただけるのも、渉外としてのやり甲斐の一つです。

渋井　若手や女性の場合、情報会議に参加したばかりの頃は、何も発表するものがないわけですが、その時はずっと蚊帳の外ですか。

北爪　それはないです。もちろん彼女たちにないのがわかっていても、何かあるかい、と聞いてあげて。初めから諦めるんじゃなくて、先輩たちと同じように接してあげて。これは大した情報じゃないなと思って洩れちゃう情報もけっこうあるんで、何でもしゃべりなさいということでやっています。

●褒めて育ててチャレンジさせる

渋井　支店の中がオープンで、皆考えるというのができているというイメージですね。

北爪　そうですね、自分で言うのもなんですが。情報が出るようになって、案件になって、本人がやってみたいといったら、それをサポートして体験を積ませてあげて。それで小さくても結果が出たら、やったなあ、と褒めてあげたり。

渋井　どんなふうに褒めるんですか？

北爪　「いやー、大したもんだね」なんていろいろな褒め方ありますけど。ある程度、たとえば預かりの投資信託を四件取ってきたなんていうと、声をかけますよ。「ご苦労さん」なんてね。でも、やっぱり女性のほうに声をかけちゃうんですね。いや、男性にも若手の二人にはかけているかな。でも、女性のほうが気になっちゃいますから。

渋井　褒めて育てて、小さい成功体験を積ませて、自信をもたせて、チャレンジをさせるという循環を作られているんですね。

北爪　そうですね、はい。

渋井　すごいですね。

北爪　そうかな（笑）。支店長として当たり前のことをやっているだけです。

渋井　でも、それが一番難しいですよね。わかっているけれどできないことが多い中で、忙しく、人員も多いのにやっているのが、私、すごいなって思います。

●お客さまにも女性渉外への理解を

渋井　女性が外に出て営業する場合には、顧客の受け止め方がネックになることがあります。

北爪　たしかに、お客さまが女性渉外に抵抗のある場合はありますね。

渋井　やはり、そうですか。

北爪　長年のメインのお客さまから、なんでウチが女性担当なんだ、と言われたことがあるんです。そのお客さまは代々本当に付き合いが長くて、女性だとちょっとバカにされたように思われるところがあったんですね。法人の社長さんで、前任の支店長が配属したんですが、私に替わってからもそんなようなことを言われたりしました。●●さんのところは男性、○○さんのところも男性、なんでウチだけ女性なんだ、とかね。

渋井　私も女性ですから、何で仕事ぶりで判断してくれないのかと悲しい気持ちになりますが、人の気持ち、特にお客さまの気持ちですので、無理矢理こちらの考え方を押しつけるわけにもいきません。難しいところですよね。

北爪　でもね、彼女は頑張ったんですよ。最後に転勤になった時は、そのお客さまが本当に悲しんでくれて、寂しがって。

渋井　担当の女性を替えなかったんですね。

北爪　替えざるを得ないときは替えますが、よほど何かお客さまに致命的なミスをしたりとかではないので。前任の支店長がお客さまに言われても六ヵ月間替えなかったのを、私も引き継いで替えなかったんです。そして、本人が一番頑張ったんですけど、最後は本当に悲しんでくれて、送別会までやってくれて、そのお客さまは、彼女は私が育てたと、そういうふうに思ってくれて。最初は頼りなかったけれど、勉強してくれて今は本当にしっかりしているとか、そう言ってくれたんです。

渋井　そんな長年のメインの取引先から不平を言われて、それでも替えないというのは勇気のいる決断ですね。

北爪　まあ、融資の有無が判断のポイントでしたね。そのお客さまは融資がない預金のみの先だったんですよ。もし融資がものすごい頻度で、難しい案件とかが頻繁にある取引先だったら、慣れていないので大変です。でも、預金先だったというのがありますね。

渋井　そういう状況なら、彼女なら十分役割を果たせると信じたわけですね。

北爪　仕事ぶりを見ていて大丈夫だと。それにね、彼女は融資経験はないけれど、法人渉外としての大事な資質が備わっていると思ったんです。

●大切なのはお客さまに教えてもらう、育ててもらえる素直な心

渋井　支店長が彼女に賭けた資質とは何ですか。

北爪　お客さまに教えてもらう、育ててもらえる素直な心です。

渋井　たしかにそれは大事ですね。経営者の方から教えてもらってこそリアルな商売や経営を学べるし、ベテラン経営者ほど、学ぼうとする素直さのある人物を可愛がってくれますものね。

北爪　可愛がられる、というのは個人の営業でも大切ですが、経営者を相手にする法人の場合、特に重要です。そうやって可愛がられて、厳しいことを言われて、時にはお叱りを受けながら学んで、ようやく会社の資金を頼ってくれるほど信頼されるようになる、つまり法人渉外として一人前になるんです。

渋井　もしかすると彼女は、そのお取引先の会社の融資も開拓したんじゃないですか。

北爪　ええ開拓しました。それと個人の自宅のリフォームのほうも。

渋井　社長さんの？

北爪　社長個人の。

渋井　すごい。法人融資と個人ローンの両方を新規開拓したんですね。

北爪　女性は固定概念がないんですよ。あの取引先はウチでは融資をやらない、と決まっているかのような思い込みがあって、代々伝わっているかのようで、私たちもそんなものだと考えていたんです。

渋井　けれど女性渉外の方は〝思い込み〟を気にせず融資を提案した、と。

北爪　親しくなるうちに関係も良くなって、何でも話ができるようになって、そういう話を。

渋井　融資課の経験がないのに、彼女もよく提案しましたね。

北爪　本人がやってみたいと思っていたらしいです。

渋井　たぶん情報会議がきっかけなのでは。法人渉外担当課の話を聞いているうちに、挑戦したくなったんじゃないかと思うんですが。

北爪　そうかもしれませんね。あの案件がスタートしたのも情報会議です。彼女が「あの、何々さんに融資の話していいですか」というところから始まって、「多分使わないけどいいよ」となって。すると、「何とか使ってくれそうですよ」とかね。正直言って彼女だけですべてできませんから、課長が行ってクロージングしたり、稟議も押さえながら当然やりますけれども、そんなこともありましたね。

●女性渉外の育成は若い男性の育成と似ている

渋井　そのプロセスと成功体験を、皆で共有して、刺激し合って、成長していく。情報会議は〝会議〟プラス〝ＯＪＴの場〟なんですね。

北爪　女性渉外の育成は若い男性の育成と似ています。最初は戦力にならないんですよ。それを認めてあげないとね。その代わり二年も三年も戦力にならないんじゃ困っちゃうので、最初は本当に特にじっくり育ててあげて、やはり今言った情報会議じゃないですけど、皆がどういうふうに考えているのか、先輩ならどう考えているのか、男の人はどう考えているのか、というようなことを見る、聞く、刺激を感じる場を提供してあげる。すると、だんだん何も情報なしではちょっとまずいなと思って、やがて取れるようになったりとか、一つひとつの積み重ねだと思います。

渋井　北爪支店長さんが支店で口癖にしている言葉はありますか。

北爪　う〜ん、あるかなあ。

渋井　「いくぞ〜」とか、「やってみれば」とか。ご本人の口癖がきっとあると思うんですよね。

北爪　「大丈夫かい？」ですかね。よく、「大丈夫かい？」って言います。

渋井　目標云々というよりも一人ひとりに、「大丈夫かい、いつも見ているよ、一緒にいるよ」というメッセージを発信しているんですね。

北爪　ええ、そうですね。

渋井　伴走型というか、マラソンしているなかで、ちゃんと脇について笛を吹いてあげたり、声をかけてあげたりしながら道筋も示すというリーダーですね。

北爪　そうありたいですね。

Column③

金融機関特有の難しさ

各業界で女性活躍推進が進められていますが、金融機関には特有の難しさがあります。一般企業と比較して雇用が安定している、給与水準が比較的高い、実家暮らしで生活基盤が安定している、それに渉外や融資、管理職をやるつもりで入社していない、というケースも見られます。すなわち、やれるだけの潜在能力は充分にあるのですが、変化していくことへのモチベーションをもちにくいということです。

男性の場合は「一家の大黒柱として給料を上げたい」「上の地位がほしい」という気持ちがモチベーション、動機になる傾向はまだまだ強いですが、女性にはそこまでのものはありません。そうなると、動機づけの仕方に工夫が必要です。

動機づけへの働きかけを方向性別に考えてみます。

まず、多能化や融資、渉外に登用するなら、金融機関の「仕事の醍醐味」を存分に味わえることを動機づけとします。支店内の様々な仕事は専門性が高く基本的には分業体制をとっていて、できる人ほど一つの業務を長く担当しがちです。支店の運営として安定感が得られるというメリットがある一方で、多能化が進まない、本人もマンネリになりがちというデメリットもあります。せっかく能力がありながらマンネリ化させるのは、本人にも組織にとってもマイナスです。いろいろな業務を経験することで金融機関の仕事の醍醐味を味わえ、その結果、金融機関の行職員としての成長、進化ができることを動機づけとします。

管理職を目指させるなら、立場が変わることで「違う世界」を見ることができること、職業人として成長、進化をすることができること、が動機づけになります。

管理職になると、同じ金融機関、同じ支店にいてもそれまでは見えなかった世界が見えてくるということがあるはずです。それは厳しい面、やりがいのある面、両方だと思います。やってみなければ実感できない部分ですが、そんな世界があるんだよ、ということを管理職自身が自分の体験を交えて教えることによって、上を目指すモチベーションを醸成させてください。

「相談相手が大切だと思います。あまり抱え込まずに言える存在がいることが大きい」

東和銀行　高崎支店渉外課・茂木《もぎ》　蛍《けい》さん

●預金係から融資課に

茂木蛍は二〇一二年四月に入行した。東和銀行はコース別採用を行っている。大学四年の就職活動時、一般職は内勤事務、総合職は渉外が主な仕事だと説明を受けた。

「今振り返ると、渉外の仕事の内容をはっきり理解していなかったと思います。だから外に出て営業することに対して、ネガティブなイメージがなかったんです」

面白そうだ。給料も違う。茂木は総合職を希望した。

入行店は高崎支店。大型店舗である。配属されたのは事務係。内勤で預金の後方事務や出納、さらに投信セールスの窓口対応、電話での現状案内セールスなどを行う。あっという間に一年が過ぎた。二年目の四月、同期の女性総合職二人に渉外担当の辞令が出たことを知った。自分はそのままだ。同期の男性たちは新人の秋頃から続々と渉外になっている。

「仲間がどんどん外に出ていって、私はどうなるんだ」

茂木は焦った。

一〇月、担当替えの辞令が出た。しかし融資課であった。男性の融資課長が一人、融資事務の一般職の女性が三人、そして自分という陣容である。個人向けローンを中心に相談・案内・申込手続き・実行・管理と一通りの業務を担当した。一から覚えることがたくさんあったが、預金業務に関連してくることも多く、両方やったからこ

そ気づけることもあると知った。

「全体がわかってくると、コレがアレでこうなるんだとわかって面白い。銀行の仕事って奥深いと感じた。一つの課しか知らないより、複数の課を知るほうがいろいろと活きてくると思う」

預金の仕事はその日のうちに業務が完結した。けれど融資課は時間をかけてお客さまと接していく。

「一日じゃ完結しない。そういう仕組みなんだなと思った」

●不安の中での渉外担当任命

翌年の三月、入行三年目を目前にして、渉外担当を任ずる辞令が出た。

「ついにこの時が来たか」

もう逃げられないと思うと不安になった。同期たち、特に女性の総合職の二人が苦労しているのを耳にしていた。高崎支店の渉外課は個人メインの一般と、企業専門の法人に分かれている。茂木は一般の渉外担当になった。課長、係長、先輩が二人、自分を含めて計五人。先輩のうち一名は女性だった。

それぞれに地区の割当てがあって、投信や住宅ローン、フリーローン、生命保険、定期預金などを推進していく。茂木が担当する地区は企業の取引先もあり、保証協会や銀行のプロパー融資も営業する。

「まずお客さまの顔を覚えてくれればいい。数字は焦らないで」

と、当時の支店長は言ってくれた。それでも二ヵ月目に入る頃には数字のプレッシャーを感じるようになった。けれど、どうすればいいのか全くわからない。

「お客さまの家の前に立っても、次に何をすればいいかわかりません。チャイムは鳴らしていいのか。お客さまがインターフォンに出たらどう言えばいいのか。何を話して、どんな表情で、どのくらいの距離まで親しくなって、どうやって商品をセールスすればいいのか。まるで見当がつきませんでした」

●先輩のセールスに同行して多くを学ぶ

茂木は係長と女性の先輩にそのことを打ち明けた。そして彼らの営業に同行させてもらえるように頼んだ。ありがたいことに、二人とも快く承知してくれた。

「実際のセールスをじかに見せてもらえたのは、とにかく勉強になりました。こういうふうに話したり、お客さまと接するんだと、言葉にするのは難しい〝何か〟があったんです」

上司や先輩は、対面でも電話でも、とにかくお客さまと楽しそうに話をする。

「ざっくばらんに接している感じで、銀行員だからという固い感じがないんです。でも礼儀正しいし、商品やお金の質問にはてきぱきと答え、手続きする。知ったかぶりは決してしない。一番印象に残ったのは、上司や先輩がお客さまのことを親身になって考えていることです」

ちょっとした会話でもよく覚えている。自分がお客さまの立場でも、話の内容を覚えていてくれると嬉しい。お客さまの心配事や身体の不調といった話を聞けば、後日、近くを通った時に顔を出す上司や先輩たち。「大丈夫ですか?」「ありがとう、●●さんの顔を見て元気が出た」というやり取り。茂木は大切なことに気づいた。

「細かい話術の問題じゃない。商品がどこの銀行より優れているからでもない。お客さまが

自分のファンになってくれて、応援してくれて、その結果、数字の実績がついてくるんだとわかりました」

相手は人だ。人の気持ちは自分の思い通りになんてできない。ファンになってほしいと頼んでも無理だ。

「上司や先輩はすごいと思いました。そして、私もそうなりたいと心から思いました」

ようやく支店長の言葉の意味もわかった。お客さまの名前も顔もわかっていなければお話にならない。数字の云々も大切だが、まずはお客さまの信頼を得ることが先だ。茂木は客先へ訪問する目的を一八〇度転換した。〝お客さまのことを知る〟ことを第一の目的にした。それを心がけてコミュニケーションをする。できる限りたくさんの人を回った。自分も上司や先輩のように多くのお客さまからファンになってもらいたい。

六月、初夏の定期・預かり資産キャンペーンがスタートした。

「なんとしても数字を上げなければいけない」

茂木は固く決意した。自分が実績を出さないと他の人の負担が重くなる。迷惑はかけたくなかった。それに同行を許してくれた上司や先輩に成長した姿を見せたい。初めてのキャンペーンだったが、予想以上に奮闘できた。

「回っていたお客さまが協力してくださったんです」

「いつもありがとう」「ご苦労さん」「協力するよ」お客さまから何度も励まされた。他行から資金を動かしてくれたお客さまもいた。茂木は目標を達成した。初めてだ。

「自分の数字を目で実感できたとき、嬉しかった」

●大きかった同性の先輩からの共感

女性特有の悩みにはどう対処したのか。

女性の身体のバイオリズムは一ヵ月で目まぐるしく変化する。だるさを感じ、精神的にひどく落ち込む。何もする気になれない。本人の意思のコントロール外だから厄介だ。内勤事務よりも体力が必要で、人とのコミュニケーションや交渉事をこなす渉外を女性が担当する上で大きな壁となる。茂木も無縁ではなかった。

「渉外担当の女性の先輩に『こういう時って、どうしたらいいですかね』と相談しました」

訪問活動と生理的なコンディションの折合いをつける方法について、先輩は体験に基づいて教えてくれた。さらに、

「お客さまとの会話の中でも『あれっ』と気にするポイントが、男女で微妙に違う気がします」

渉外活動は情報が大切である。けれど男女の情報感度のアンテナには差異がある。男性上司から「そんなのどうだっていい」「相手はそんなの気にしないから」と頭ごなしに否定されてしまうと、次からは発言しづらい。相談もできなくなる。

「『女性の先輩は、私もそう思ったことがある』と共感してくれることが多かった。だからその先輩には悩み事を打ち明けたり、相談ができました。〝共感〟されるかどうかは、女性がモチベーションを維持するのにとても重要だと思います」

渉外の仕事はつらいこともある、と茂木は言う。

「でも、内勤の二年間だってつらいことはありました。毎日じっと机に向かって、黙々と事務処理をする。ミスが許されないプレッシャーが息苦しかった。けれど今は外へ出て、お客さまと話ができる。勉強になることも多いです」

それでも実績が上がらないときは苦しい。数字が取れない自分の不甲斐なさに、悔しくて涙を流すこともある。自分が数字を達成できないために、他の人たちの負担が増える。申し訳ない。ちっとも戦力にならない自分を応援して、育ててくれた人たちだ。

「足を引っ張りたくない。頑張りたい」

茂木は頬の涙を手でゴシゴシ拭いて、バイクのエンジンをかける。とにかく一軒でも多くお客さまのところを訪問する。それが自分のできることだ。

●改善点を自分で見つけられるまでに

渉外になって一年あまり。茂木は最近、営業のやり方を見直している。数字が上がらず上司や先輩に相談したのがきっかけだ。以前のように手取り足取り教えてもらうことは許されない。自分で考えることも増やさないといけない。

「それでも自分の考えが及ばないことがあります。スランプにハマるのは避けたいので、抱え込まないようにしています」

おかげで改善点が明らかになった。回る訪問先に偏重があったのだ。

「仲のいい、話がしやすい客先ばかりに足が向いてしまっていたんです」

対策として親密先への訪問回数を見直し、新規開拓先への訪問を増やした。一日当たりの訪問件数も増やそうと試行錯誤している。一軒につき費やす時間は三〇分が目標だと、上司にアドバイスをもらった。

「ちょっと数字が上がると、油断して時間に余裕をもって客先を訪問するようになって、ツケが回ってくる。やることをやっていないと、数字に出ますね」

逆も然りだ。すぐには変わらなくても、時間を置いて、努力がつながってくることがわかってきた。

「でも、実際に行動するのは難しいです」

明るく笑いながら、先月に結婚したと教えてくれた。相手は大学時代からの交際相手で、業種は違う。専業主婦になることは考えなかった。

「家の中でじっとしているのは向かないと思います。やっぱり外に出て、仕事をして、お金を稼ぐことはいいなと思う」

●相談相手がいることの大切さ

夫は独り暮らしを経験していて家事は一通りこなす。二人とも仕事で忙しければ、各自で料理をして用意するときもある。互いのできることを無理なくやって、自然に分担ができている。共働きが当たり前の若い世代として、肩の力を抜いて新しいスタイルを築いている。

女性渉外を金融機関で増やすカギについて、茂木に質問してみた。

「相談相手が大切だと思います。あまり抱え込まずに言える存在がいることが大きい」

彼女は最後につけ加えた。

「お客さまの『ありがとう』が、男も女も関係なく、渉外で頑張る人たちを支えてくれます」

あなたがいるから、取引しているんだよ。
お客さまの言葉を聞いたときの嬉しさを胸に、茂木はバイクに颯爽と乗る。

Column④

女性活躍の「なぜ」と「本気度」を伝える

女性活躍推進を進めていく上で、主に関係してくるのは本部の人事部門、それに現場責任者である支店長や上司、そして当事者の女性行職員たちです。

これは女性活躍推進に限らず本部が発信する施策に共通することですが、支店長が本部の施策をしっかりと理解して、現場の支店長、上司経由で担当者に噛み砕いてわかりやすく説明できるかが大きなポイントです。

特に女性活躍の場合、本部と支店の間に意識、認識、本気度にズレがあり、さらに支店長、上司と女性行職員の間にもズレがあると、施策の本来の目的や意図が女性行職員にねじ曲がって伝わってしまいます。そうなると女性行職員の中で混乱が起き、モチベーションを低下させる者も出てきて、中には精神的にまいってしまって退職に追い込まれるということも起きてきます。人的資源の損失です。そのような事態を避けるためには、支店長や上司がいかにしてズレをなくして、女性行職員や男性行職員も含めて一丸となった推進をできるかが大きなカギを握っています。

ズレが出るケースの典型的な例をご紹介します。ある日の朝礼で、支店長が女性活躍推進について次の訓示を行いました。

「当行では、本年度から女性行員の活躍推進プロジェクトを開始することになりました。研修や面接を行ったり、申告書を作ってもらうことになるので、しっかり対応するように」

それに対して女性行員が「なぜそんなことを始めるのですか？」と聞いたとします。支店長は次のように答えました。

「そういうのが日本全体のブームだから」とか「○年後に女性管理職を△％にする目標を立てたから」とか「会社がそういう方針だから。君たちにもきっといいことあるよ」などと答えたとします。

このような言い方をしている上司が少なからずいらっしゃいます。確かに中身的には間違ったことを言っているわけではありません。けれど、こんなことを言われたら女性行職員がどう受け止めるかということです。

「今のままで十分満足なのに」とか、「今まで私たちがきちんと仕事をやってこなかった

って こと?」とか、中には「支店長の出世のためでしょ」などと心の中で思われてしまいます。女性というのは、一応わかったようなフリはしますが、「なぜ」の部分に納得しないと本気では動きません。そんな彼女たちを本気にさせる、やる気にさせられるかは上司の説明力、発信力にかかっています。

「まずは声かけですね。すごいね、よかったねと、必ず褒めるようにしています」

東和銀行　職員研修所代理・新井典子さん

●融資事務のプロから職員研修のプロへ

渋井　新井さんは現在、研修所の代理さんでいらっしゃるんですね。

新井　はい、本部では代理、支店では課長になります。

渋井　入行は何年ですか。

新井　一九九二年入行です。
渋井　最初は支店勤務ですか。
新井　埼玉県の深谷支店です。
渋井　入行時、深谷支店ではどういった業務を？
新井　私は融資課ですね。主に融資の事務です。
渋井　ずっと融資課ですか。
新井　深谷支店で七年三ヵ月、かなり長いんですけど融資課です。
渋井　融資事務のエキスパートですね。次はどこへ。
新井　その次が人材開発センターです。役割としては行員の教育、研修を担当する部署で、現在の職員研修所の前身です。
渋井　それはご本人が希望したんですか。
新井　いえ、希望はしてなかったですね。驚きました。
渋井　じゃあ、融資事務の優秀なプロフェッショナルとして、人材開発センターに入って、それからずっと研修

の仕事を？

新井　人材開発センターには二年弱だったんです。次はまた支店に。

渋井　どちらの支店ですか。

新井　埼玉県の熊谷市にある籠原《かごはら》支店です。

渋井　籠原支店でも融資事務を担当されたんですか。

新井　ええ、三年半。

渋井　激戦区ですよね。

新井　そうですねえ。ＪＲ高崎線の沿線ということもあって、金融機関も多いですし。

渋井　やはりそういう地域ですと、専門性の高いプロフェッショナルで、スピーディーに対応できる人材をということなのでしょうね。

新井　経験も長かったですからね。

渋井　女性の融資課員は、当時、まだ少なかったんですか。

新井　少なかったですね。まあ、徐々に多くなってきているかなというところで。やはり事務課のほうが女性は多いですね。

渋井　貴重だったんですね。それで三年半やられて、次は？

新井　職員研修所です。人材開発センターの名称が変更されて、再び行員の教育・研修を担当することになりました。

渋井　これも本人の希望ではなく…。

新井　そうですね。

渋井　すると、新井さんが融資事務のプロフェッショナルとして、支店で若手にいろいろ指導したり、面倒を見ていた様子を周囲がよく見て、誰か指導者がほしいというときに、あの人だ、ってなったのでしょうね。

新井　そう言ってくださる方もいるんですが（笑）、どうなんでしょうかねぇ。ただ、本部でやっているうちに、その人の働き方や頑張りって、意外と組織内で知られていくってわかりました。支店長同士のやり取りや、本部とのやり取りのなかで、情報が広がっていくんですよね。今は、若い行員にそのことを伝えるようにしています。

渋井　必ず誰かが、どこかで、仕事ぶりを見てくれていると。

新井　はい、その通りです。

渋井　職員研修所に配属になるまでの間に、昇格はされたんですか。

新井　ここの職員研修所で係長になりました。

渋井　支店では役席ですね。おいくつでしたか。

新井　三五歳ぐらいですかね、私は遅いほうです。

渋井　女性で係長になる人がそもそも、決して多くなかったのでは。
新井　たしかに、そうでしたね。
渋井　現在は代理、支店では課長級ですよね。
新井　二年ぐらい前、四三歳のときになりました。その間、ずっと職員研修所です。

●大きなきっかけとなったコース選択制度の導入

渋井　研修という視点から見て、御行の女性活躍推進の取組みが本格的になったターニングポイントはありますか。
新井　二〇一二年からの一般職、総合職のコース選択制度導入が大きなきっかけですね。それまでは男性は渉外、女性は内勤という考え方が暗黙のうちにあったのです。それがコース別になったことによって、総合職は全員渉外課なんだという、研修でいえば、女性を渉外課で活躍できるように教育しなくてはいけないということになりました。その時まで、女性を渉外に出すための研修というのは一切行ってきてなかったんです。
渋井　女性も渉外として働けるように、という研修を新たに企画・立案する必要が生まれたわけですね。

新井　はい。ただ、教育を担う立場として考えなければならないのが、何のための渉外課なのか、渉外経験なのかということなんです。やはり将来は支店長ですよね。将来的に女性の支店長をたくさん輩出する。それが当たり前になるように、渉外経験をさせたいという、そういった経営の方向性というのもあります。

渋井　なるほど。渉外として実績を出してもらって銀行の収益に貢献してもらうのも大切だけど、渉外の経験を通して、将来、支店長になるべき資質を女性たちに磨いてもらうという視点も、教育や研修に含めるということですね。

新井　そうですね。渉外を経験することによって、お客さまといろいろコミュニケーションをとったりですとか、数字に対する向き合い方ですとか、銀行の収益のことを意識しながら業務を行う、といったことが養えるわけです。しかし、内勤者に数字といっても、あまりピンとこないんですよね。

渋井　やってみなければわからないことって、たくさんありますからね。

新井　それで教育の仕方というのも、今まで女性が参加していなかった研修に女性を参加させる方針としました。他行の事例では女性のための融資講座や渉外研修が見受けられます。それは女性を育てようというところで行われているのでしょうが、当行はあえて女性も男性も一緒だよということでスタートして、教育をしました。もちろん例外もありますが。

●渉外担当女性のみの「モチベーションUP研修」

渋井　例外もあるんですね。どういったテーマが女性のみ対象の研修になるんですか。

新井　男性にはない女性の内面的なもの、たとえばモチベーションとかは、渉外担当の女性だけを集めてやりました。

渋井　分けたほうがいい、と思われたんですね。

新井　そうです。けれど、なんでやったんだなんてことを言われたりしました。

渋井　行内から賛否両論の声が起こったんですか。

新井　「男性、女性を分けない」のが当行の総合職研修の基本路線ですので。

渋井　だけど、一般的に、男性はモチベーションUPの研修を必要としないですよね。

新井　最近は若い男性行員には必要と思うこともありますが、多くの男性のニーズではないです。

渋井　私は女性ですから、そのテーマの研修を働く女性が欲するのはよく理解できますが、男性の中にはバカバカしいと考える人もいるかもしれませんね。

新井　そうだと思います。

渋井　すると、企画段階から、モチベーションUP研修、しかも女性に特化したものを必要と考えない反対意見があったわけですね。

新井　それでも必要なんだという感じで、やるときにはやる、これは女性にとって絶対必要なんだから、入れましょうと。

渋井　強行突破したんですか。

新井　大丈夫かな、なんて思いながら…。でも、大丈夫でした。どうにか承認になって。嬉しかったですね。でも、本当に嬉しかったのは、受講した渉外の女性たちが、こういった企画を作ってくれて、一緒にみんな集めてくれて、「新井さんありがとう」って言ってくれたことです。

渋井　彼女たちにとって必要な研修だったんですね。

新井　女性の渉外担当者が一度に集まる機会というのがなかなかないんですよね。情報交換をしたりとか、つらいことの話をしたりとか、そういう吐き出す場みたいなものがないと、抱え込んでしまって潰れてしまう。

渋井　私だけじゃない、こういう思いをしているのは、皆もそうなんだから、頑張ろう、みたいな感じは、女性が頑張り続けるのに必須の栄養素みたいなものですよね。それにしても女性だけが集まって、しかも全員が外回り営業となると、相当パワフルな、元気な場になりそうですね。

新井　パワーがありますよ（笑）。受講者の女性渉外は全員で二八名ですが、集まると非常にパワーを感じます。それぞれストレスだったり、上司との関係であったり、悩みを抱えていると思うんですけど、一度に集まると、とにかく元気です。

●女性渉外活躍のロールモデルを作る

渋井　研修の様子をご覧になっていて、女性行員が活躍をしていくために、どういった課題があると思われますか。

新井　たとえば女性渉外に関してですが、まだ人数が少ないということです。二八人ですから。彼女たちからロールモデルがいないという声がよく出るんです。

渋井　でも、御行にはプロパー出身の女性役員がいますよね。

新井　我々としても、伏嶋がロールモデルだと思うんですが、彼女たちからすれば、渉外課を経験して、そこから昇進昇格をして、支店長になったという女性がいないのです。

渋井　自分たちの仕事の先行きに不安を抱いているんですね。

新井　たとえば、渉外活動でバイクに乗って外回りをしているけれど、はたして結婚したらどうなるんだろう。出産したらどうなるんだろう。妊娠したままバイクに乗るんだろうか、といった不安があるんですね。ちょっと先が見えないなんていう話も出ますね。

渋井　結婚や出産への不安は、女性が活躍していくなかでの最大の壁ですね。

新井　そうですね、先が見えないと言われてしまうと、何も言えないというか返す言葉がない。ただ、男女共同参画委員会の中で、そういう声を聞いて、妊娠したらどのようにということを、皆でこれから話し合って制度として提案していこう、提言していこう、そして働きやすい環境を作ってあげたいと思っています。

●一般職コースを選択した女性行員へのサポート

渋井　一般職の女性のキャリアについてはどうお考えですか。課題はありますか。

新井　一般職コースを選択した人は課長止まりなんです。四〇歳ちょっとで課長になって、それ以上は上がらないわけですよ。そうすると定年となる五五歳までどうやってモチベーションを保てばよいのかということを、考えていかなくてはならないと思います。このままあと一五年課長として同じことをやっていくのかみたいな感じになるのは、避けなくてはなりません。

渋井　課長になるのは四〇歳ぐらいですか。

新井　三〇代後半でなる人もいますが、平均は四〇歳ぐらいですね。実は、銀行がコース別制度を導入して彼女たちが一般職を選択した時には、いずれ副支店長や支店長にもなりたいという気持ちがあった女性たちもいたんです。しかし総合職を選択すると、やはり渉外をしなければならないというのが一つ頭にあって、はたして自分にそれができるかどうかって考えた時に無理だろうなと思った人が一般職を選んでしまったので。能力のある人ってたくさんいるんですよ。そういう女性たちにも一層頑張ってもらえれば、収益だって上がるわけで、当行としてもいいわけです。

渋井　能力のある人たちの活用ですね。たしかに女性が働き続けられる制度が整い、定年まで働くのが当たり前になってくると、これ以上は職階の上がらないステージに立ってからも、モチベーションを高く持ち続けてもらうのが課題になってきますね。

新井　今、止めてしまっているような感じになってしまっていますから。

渋井　昨今の女性活躍はスターを作るような雰囲気がありますね。「二・六・二の法則」などと言いますが、一般的には上位二割くらいがその候補ではないでしょうか。そうなると残りの八割の女性たちにとって、女性活躍推進は、自分たちには関係ないことになってしまいます。もしかしたら、行内でも冷めた目で見ている女性行員の方もいらっしゃるのではないでしょうか。自分には関係ないことと完全に割り切ってくれて、今の仕事をしっかりやってくれれば、それはそれでいいのかもしれません。でも中には、一部の人が脚光を浴びることに対して、嫉妬心から人の足を引っ張ろうとする女性が出てきたり、行内で自分の価値が認められていないんだと勘違いしてモチベーションを下げてしまう女性も出てきます。

新井　それだと、せっかくの女性活躍推進が組織全体の競争力を奪うことになってしまう。それは避けたいんです。

渋井　今のお話をうかがっていて、事情があって一般職を選んだけれども能力のある人もいるから、そういう人も活かしていく、組織の力になるのにもったいないという発想は大事だなと思いました。そういうことを研修所として、そして男女参画委員会のメッセージとして発信していかれるんですね。

新井　どこまでできるかわからないけれども、発信をしていきたいと思っています。もしかしたらハードルは高いかもしれませんけれど。

●研修所は行員の声を聞きやすい部署

渋井　様々な課題を発見していくのも、現場をよく知らないと難しいと思うのですが、行員の皆さんの要望や声をどのようにして取っているのですか。

新井　研修所は非常に声が聞きやすい部署なんですよ。行員の方が研修を受けに来るので、その時にコミュニケーションをとることができるんですよね。それこそパート行員の方から支店長まで研修所に来るわけですよ。階層別での意見というものも聞けますし。アンケートをとって、要望事項も書いてもらっているので、そういう中からも、なるべくコミュニケーションをとろうとしています。

渋井　どういうふうに工夫しているんですか。

新井　まずは声かけですね。「最近どう？」「大丈夫？」なんていうところから。総合表彰リストに名前が出たりすると、「この間載っていたね、すごいね、よかったね」とか声をかけてあげたり。試験で合格したとか、いい点数をとったとか、そういったものもちゃんと見ていて、必ず褒めるようにしています。

渋井　言われると嬉しいですよね。ああ、きちんと見てくれているんだ、って。

新井　それだけでもモチベーションって上がると思うんです。そういうことって、すごく大事なことなので、これからも継続的に続けていこうと思います。

渋井　研修が終わった後も、受講者たちとコミュニケーションを積極的にとるんですか。

新井　はい。終わった後は必ず懇親会もやります。

渋井　研修会後の懇親会というのは御行のスタイルなんですか。

新井　そんなことはありません（笑）。個々に飲みに行くことはあるかもしれませんが。ただ、女性渉外の場合にはやろうと。いろいろなことを吐き出させてあげるということも大事ですから。それに対してまたある程度できることはアドバイスしてあげる。だけど強制ではないです。参加できる人だけ希望者を募ってやるんですね。終わってからですから、遠方の人がいたり、参加したくてもできない人もいるので。でも、意外と人気があるんです。「やらないんですか」と催促の電話がかかってきたこともありました。

渋井　わざわざ電話が。最近は飲みニケーションを敬遠する人が多いと聞きますが、やはり「吐き出せる場」へのニーズは強いんですね。

●メンタルヘルス相談窓口を開設

渋井　御行での女性活躍推進の特徴は、各部がそれぞれの役割の中で効率よく補完し合っている点ですよね。たとえばどの女性に渉外をやってもらうかの判断と決定は人事部門、どういう配置をするかは営業推進部門、そして研修所はよく職員とコミュニケーションして、何が必要か、どんな教育が必要で、その過程のどこで励ましたり、ガス抜きしたらよいかまで見て、サポートしていく位置付けなんですね。

新井　本当にそうです、サポートです。実は、最近、特に悩みを抱えている方に対する相談窓口を立ち上げたんです。

渋井　研修所内にですか、どういう？

新井　メンタルヘルス相談窓口です。もちろん人事部の協力があってですけれども。研修所に来た受講生で、研修が終わってもなかなか帰らない、なんかモジモジしてる人がいるんですよ。そういう方に声をかけると、実は支店での悩みがあってと言って、わーっと悩みを吐き出す。そういうことが多かったので、これはきちんと銀行として対処していかなくてはいけないのかなと感じまして。それで人事部と、健康保険組合と研修所と三ヵ所が協力して相談窓口を立ち上げようと思ったんです。健保組合にはメンタル分野を扱える保健士がいますから。一ヵ月に一回程度、人事と健保と私でミーティングを重ねながら、当行では今、何が必要なのかな、何をやっていこうかというなかで、相談窓口をまず開設しようということになりました。けっこう相談があります。

渋井　画期的ですね。それにしても、各部署の横のつながりが機能しているんですね。

新井　横のつながりがないと駄目ですよね。お互いに協力しないとね。

Column⑤

リーダー候補者の背中の押し方

リーダー候補となる女性行職員に対しては、リーダーを目指させる個別の説明が必要になります。このときの言い方に注意を払いたいものです。

候補となった女性本人は、不安を抱えた状況です。仕事そのものに対する不安もあれば、女性同士の間でのやっかみや軋轢という問題も出てきます。

上司もしくは人事としては、能力的にも性格的にもやっていけるだろうという人物を選んでいるはずですので、あとはどうやって背中を押して、前向きな気持ちにさせていくかが問われます。

OKな言葉とNGな言葉を比較してみましょう。

NGパターンは、「あなたならできるよ」と「あなたにとって～～なメリットがありますよ」です。これは男性が相手なら効果がありますが、女性に対しては絶対に口にしてはいけない言葉です。確実に反発されたり、嫌われます。なぜNGだと思いますか。「あなたならできるよ」は、女性上司が女性部下に言うのであればまだいいのですが、男性上司が女性部下に言うと、「私のことなんかろくに知らないくせによく言うよ、何にも知らないじゃない。無責任なことを言わないで」と反発されます。それに第三者的な突き放し感、無責任感が漂う言い回しです。女に言われるならまだしも、男に言われると無責任に感じるのです。メリットがあるというのは、ニンジンを目の前にぶら下げられている気がして、「私はそんな人間じゃありません」と真面目で優秀な女性ほど反発します。

では、OKなパターンは、「あなただから頼みたい」「あなただから任せたい」。これは、上司なら上司が判断して、上司自身も責任を負っているという意味を含んでいます。一緒にやっていこうよ、上司もコミットしているよというニュアンスがあります。それに「あなただから」という言い方には特別感があって、女性なら誰でもいいのではなくて、自分だからなんだという一個人としての評価が含まれます。

仮に人事部からの指名であっても、上司たる者このように自分自身の判断と責任であることをきっちりと示さなくてはなりません。それでこそ部下は本気になって動きます。

Chapter 3

第三話

動き出した女性登用、
地域金融機関のチャレンジ

#「女の人の良さって真面目なこと。言われたことはキチンとやる。彼女たちは申し訳ないくらい一所懸命やってくれました」

浜松信用金庫　きらりタウン支店長・鈴木真由美さん

●女性スタッフだけで運営する店舗

静岡県浜松市・浜北区のきらりタウン。市内で唯一人口が伸びている地域で、小学校は県内でも指折りのマンモス校、今後の発展が期待できるエリアだ。ここに緩やかな曲線の屋根が印象的な、ガラス張りの建物が立つ。周りを囲む刈り込まれた緑との対比が美しい。スカイツリーを設計した会社が手掛けた建物はまるで美術館のようである。訪れる人が記念撮影をしていく。内部はガラス越しに陽光が射し込んで明るい。凝ったデザインのソファやテーブルが点在して、若い主婦がファッション雑誌をめくったり、老夫婦が仲良くコーヒーを飲んでいる。さながら都心で人気のテラス・カフェの佇まいだ。

「店頭ロビーに置く雑誌は、世代別人気ランキングをチェックして決めているんです」

と、鈴木真由美・浜松信用金庫（以下、「浜松信金」「浜信」ともいう）きらりタウン支店長は語る。たかが雑誌、されど雑誌。きちんとマーケティングして用意すれば顧客の満足度は高まる。

「些細なことですけど、そこに小さな信頼が生まれる。それが積み重なって大きな数字に化けるんです」

そんな些細な、ちょっとした「気づき」ができるのが女性の強みだという。

二〇一三年一一月、きらりタウン支店は「金融機関の敷居の高さを取り払う」をコンセプトに、女性スタッフだけで運営する店舗として新設さ

緩やかな曲線の屋根が印象的なきらりタウン支店

れた。初の試みにもかかわらず、わずか一年あまりで九〇億円の預金純増を達成した。一般的に新規店舗は五年間で三〇から五〇億円の預金増がまずまずの合格ラインであるのに比して、きらりタウン支店の好調ぶりは快挙だ。年金やローン、投資信託、口座シェアも順調に伸びており、他金融機関からの預け替えも多い。

●「何かしないと、子供がダメになってしまう」

この快進撃のけん引役が鈴木真由美支店長である。パート職員、正職員を経て、浜松信金で初の女性支店長に大抜擢された。

「パートとして働き始めた時は、支店長を任せられるなんて夢にも思いませんでした」

二〇代の頃は家事と三人の子育てに追われる日々だった。恋愛結婚で結ばれた夫は長男、新婚の甘い夢も覚めないうちに義理の両親との同居生活がスタートした。

「厳格な家でした。まるでTVドラマの『おしん』並みです」

笑いながら当時の様子を語る。義父は名門会社のOBで上の地位にいた。そのせいか厳しかった。彼女が作った食事が気に入らないと、ひどいことをされたこともある。義父は退職後、所有する山を利用してみかん畑を始めた。鈴木も子育てをしながら手伝った。下の子供をおぶって朝・昼・晩の食事を作り、弁当をこしらえ、遠いみかん山まで一〇時と一五時にはお茶とおやつを運んだ。慣れない手つきでみかんの枝を切り、洗濯や掃除を懸命にやった。それでも満足してもらえなかった。正直つらかった。けれど夫には不満を口に出せなかった。

「夫が義親と私の板挟みになったら可哀想だと思ったんです。自分が我慢すればいいんだと考えました」

そんな時、子供たちに異変が起きた。上の子に微かだがチック症が現れた。真ん中の子はいつも緊張している。下の子は一歳半になっても歩かない。母親の気持ちが子供には伝わってしまうと痛感した。

「自分の中で何かしないと、子供がダメになってしまうと思った」

ずっと家にいてストレスを感じている環境を変えないといけない。鈴木は夫にパートに出て働きたいと打ち明けた。義親への不満は口にしなかった。

数日後、夫が浜松信金でパートを募集していると教えてくれた。

「お前、行ってみたらいいんじゃないか」

夫が軽い口調で言った。きっと背中を押してくれているのだ。鈴木の前職は銀行だった。今のように女性が働き続ける制度は整備されておらず、第一子の出産で辞めざるをえなかった。それから一〇年が経っていた。不安はあったが応募して採用になった。鈴木は九時―一五時のパートタイムで浜松信用金庫の鷲津《わしづ》支店で働くことになった。

●パートとしてのスタート

鷲津支店は大型店だった。皆、忙しく働いていた。

「札勘もできるんだったら、こっちに座ってよ」

いきなり窓口の仕事を任せられた。パートは金庫の掃除くらいでいい、と説明されていたから面食らった。しかも一〇年ぶりだ。戦々恐々だったが、それでも体が自然に動いて一万円札の束をパッと扇型に広げられた。人と話すのも好きだ。そのまま窓口にポジションが固定されてしまった。窓口業務は店の顔である。パートとしては荷が重かった。それでも仕事を続けた。

「働くということは、こんなにも楽しいんだと思ったんです」

さすがに正職員のように定期預金などの数値目標は課せられない。それでも店の役に立ちたいとセールス意識をもって誠心誠意の接客をした。すると数字に結びつく。自分の頑張りが結果に反映される達成感を味わったのは久しぶりだ。心地よかった。別の課の渉外役席が「パートさんなのに、こんなに頑張ってくれてありがとう」と言ってくれた。家事はいくら努力しても当たり前で、褒めも感謝もしてもらえない。だけど仕事では、お客さまや同僚から「ありがとう」と言ってもらえる。とても嬉しかった。

●家事と猛勉強の両立

正職員にはFP、保険、財務、証券外務員など資格試験が課せられていた。鈴木はパート職員ながら資格試験に挑もうと自ら決意した。

「中途半端な気持ちではいけないと思ったんです。お客さまには正職員もパートもありません。正職員と同じように窓口に座っているのに、この人に聞いたら何もわからなかったというのは、自分のプライドが許しませんでした」

毎晩、家事を終わらせて子供たちを寝かしつけてから勉強した。二一時から深夜二時まで台所で教材と向き合った。朝は五時に起きて、七人分の朝食やお弁当を作る。それから義親たちのお茶やおやつを用意して、洗濯物を干して、子供たちを幼稚園と保育園に連れて行き、八時に職場へ向かう。

「男の人はすごく不器用で働くことだけ。でも、女って脳の中で、あれやってこれやってということに段取りが組めるんですよ」

それでも勉強の時間を捻出するのは至難だ。毎回、絶対に一回で試験に合格するつもりで励んだ。落ちて再び挑戦する余裕はなかった。大変だった。そんな鈴木を支えてくれたのは学ぶ喜びだ。

「知識が得られることがすごく嬉しくて。言われたからではなくて、自分からやっているので、やらされ感がないんですね」

資格試験は無事合格できた。勉強のおかげでセールス力が向上し、お客さまからも頼りにされた。しかし一五時に仕事を終えてしまうと納得がいく接客ができない。ついに鈴木は勤務時間の契約を一五時から一七時に延ばした。中途半端は嫌だった。といっても正職員になろうとは考えていなかった。そんな鈴木に転機が訪れた。

「子供が読書感想文で全国表彰されたんです」

●思いがけない契約職員、正職員への道

ディズニーアンバサダーホテルでの表彰式に夫と共に参加した。来賓の皇太子殿下と家族で撮った写真は家宝になった。

「親ばかで、この子の将来は自分にかかっているなんて思い始めたんです。夫の給料だけでは子供三人を大学に行かせられるか不安だから、私がますます頑張って働こうって考えた。母は強しです」

そんな鈴木に思いがけない道が開けた。浜松信金で契約職員制度が発足するという。鈴木は迷うことなくパートからの転換を希望し、契約職員となって可美《かみ》支店へ転属となった。そこでも一所懸命やった。しばらくしてパート職員や契約職員を正職員に採用する制度がスタートした。鈴木は第一号に選ばれた。資格試験の取得要件をクリアしていたからだ。正職員となった鈴木は伝馬町《てんまちょう》支店に配属された。肩書は係長。昇進である。

「『頑張っている人にはチャンスが来る』って言いますけれど、とにかく目の前のことを日々一所懸命やっていたらチャンスが訪れてくれました」

初めて部下を持つ不安もあったが、いつのまにかみんなの相談相手になっていた。鈴木は

聞き上手である。義親との同居生活で培われた能力だ。またどんなに気持ちが落ち込んでも、笑顔と明るい挨拶は欠かさない。泣いたら負けだ。鈴木の周囲はいつも明るい。部下たちは鈴木が相手だと安心して自分の気持ちや悩みを口に出せた。

「私自身は上司という意識はありませんでした。少し前までパートでしたから、みんなと同じ、ただ少し歳を取っている人という感じで接していました」

●人事部からの呼び出し

日々奮闘する鈴木に家庭の問題が立ちはだかった。義父が寝たきりになって、介護を必要とした。

「義母が『どうしても家で面倒を見たい』と言いまして」

そこで平日は義母が、土日は鈴木が介護をした。義父を風呂に入れたり、散髪したり、おむつを替える。あいかわらず文句ばかり言われる。夫が手伝ってくれたのが救いだ。成長した子供たちも協力してくれた。

「大変でした。だけど、やるしかないって思いました。自分以外のために踏ん張れるのが、女性ならではの頑張りどころです」

仕事、家事、介護と目の回るような忙しさの鈴木に、ある日、支店長が声をかけてきた。

「人事から電話があってね。用事があるから仕事帰りに本部に寄ってほしいそうだ」

「何の話でしょうか」

「それが、どうも要領を得ないんだ。たぶん、子育てについて話を聞きたいんじゃないかな」

鈴木は思わず顔をしかめた。子育てについての話すのはいいが、問題は服装だ。更衣室のロッカーにはジーンズにTシャツ、それに穴の開いたバスケット・シューズがしまわれている。本部に行くのにふさわしい格好とはいえない。

「他の日じゃダメですか」

支店長は首を振った。

「絶対に今日だそうだ。一七時半の約束だから、ともかく行ってくれ」

夕方、鈴木が本部の建物に入ると、受付で人事副部長が待っていた。

「お疲れさん」

「いえ、どうも」

あわててお辞儀をすると、くたびれた自分のバスケット・シューズが目に入った。せめて靴だけでも途中で買えばよかった。それにしても副部長がわざわざ出迎えてくれるとは、いったいどんな子育て話をすればいいのか。

エレベーターに乗って、副部長が七階のボタンを押した。鈴木はあれっと、思った。

「人事部は六階ですよ」

「今日は七階でいいんだ」

七階は理事長や専務がいるフロアである。鈴木は困惑した。

「副部長、私、こんな格好で理事長や専務に子育ての話するんですか」

嫌だ、と役員応接室の扉の前でごねた。

「まあ、いいから。つべこべ言わずに入れ」

半ば背中をぐいと押されて部屋に入った。革張りのソファに理事長、専務、常務、人事部長が座っていた。鈴木はごくりと唾を飲みこんで対面に座した。頭の中は子育て話をどうしようかで一杯だった。

理事長がおもむろに口を開いた。

「今度、きらりタウン支店ができる。知っているかね」

「はい、もちろんです」

浜信の一大プロジェクトである。上層部が五年がかりで取り組んできたことは、鈴木も知っている。支店長人事のさや当ての話もちらほら耳にするようになった。新設店はベテランの支店長が就任することが常だが、今回はフレッシュな人材の登用もあり得るという噂がある。いずれにしても女性の、ましてやパート出身の鈴木には関係のない話だ。それよりどんな子育て話を求められるのか。鈴木は理事長の言葉を待った。

●「浜信、初の女性支店長を命ずる」

「今回、その開設準備室長に君を命じようと思う」

「はあ？」

鈴木はひどく調子の外れた声をあげた。意味がよくわからなかった。

「準備室長って、つまり、支店長ですよね」

「鈴木君、おめでとう。浜信、初の女性支店長だ」と専務が言った。

「えっ、ちょっと待ってください」鈴木は慌てた。

「いったい、どうしてそんなに驚くんだ」人事部長が副部長に聞いた。

「彼女に伝えていないのか」

「はい」と副部長は答えた。「初の女性支店長誕生という素晴らしい話ですから、理事長自らお伝えいただくほうがいいと考えまして、とにかくここにおびき寄せました」

理事長はうなずいた。

「鈴木君、頼んだよ」

「無理です」鈴木は首を振った。「できません」

応接室は静かになった。すぐに役員たちと鈴木の攻防戦が始まった。

「上層部の方々に囲まれて、ずっとできませんと言い続けました。頭は真っ白状態で、オドオドして。そのうち『ともかくやってみろ。ダメだったらオープンまでに支店長を替えてもいい』という話が出てきたんです」

●〝やらまいか〟の精神で

浜松には〝やらまいか〟という言葉がある。「やってみよう」「やろうじゃないか」という意味だ。このチャレンジ精神がホンダ、スズキ、ヤマハなどの企業が生まれる原動力になった。役員たちの「やってみろ」と言う言葉に、鈴木の胸にあった〝やらまいか〟が反応した。

「一時間半くらいかけて役員の方々のマジックにかかってしまったみたいで、最後に部屋を出るときには皆さんと握手していたんです。この握手って承諾したことになるのかな、って思いながら外に出て、主人に携帯で電話しました」

夫の反応は意外なほど冷静だった。

「自分ができると思ったら受ければいいし、みんなに迷惑かけてダメだと思ったら早めに断わっておけよ。大切なことなんだから。お前が覚悟を決めるんだったら、家のことは心配しなくていい」

二〇一三年六月、浜松信金初の女性支店長が誕生した。鈴木は四七歳だった。

●女性だけ六名での船出

きらりタウン支店のオープンは一一月、準備期間は五ヵ月だった。メンバーは自分を入れて六人、全員女性である。通帳作成から学資保険、年金、投資信託から相続関係までオールマイティにできる職員ということで、五、六、七年目の女性職員に白羽の矢が立った。

「仕事はオールマイティにできたけれど、選ばれたのは『特に目立つ人』というより『ごく普通の人』という感じがするタイプたちでした」

トップアイドルを作るというより、ＡＫＢを作るイメージだ。

「初めて対面したときは『本当に至りませんが、どうぞよろしくお願いします』と挨拶しました。みんなそれぞれ挨拶し合ったのですが、それこそパワーがある、というタイプではないので、自分も含めてオドオド状態で集まった感じです」

本部の一階に部屋を借りて、オープンまでの段取りを六人で相談して決めていった。あれこれ悩んだが、男性のブロック長の言葉で勇気が出た。

「とにかく真由美さんの思うようにやりなさい。自分の色で染めていい。細かい相談はいらないよ。ただ、本当に困ったり、何かあったときにだけ僕に言ってくれればいい」

どんどん突っ走れ。だけど、いざという時には頼ってもいい。そんな男性上司のスタンスのおかげで、メンバーたちは自由にアイデアを出せた。たとえば店舗の建物のデザインで設計会社が複数のプランを提示してきた。検討した結果、A、B二つの案が残った。そこで鈴木たちメンバーは、古巣の支店を訪れて女性職員たちの意見を聞いて回った。断トツにBプランが女性たちに支持された。鈴木たちも同意見だった。けれど男性は役員以下Aプランがよいという。

「女性と男性の好みの違いは大きいなと実感しました」

しかし、女性の意見を聞くということで、男性上司はBプランを取り上げてくれた。内装も椅子やテーブルまですべて女性たちが選んだ。任せてもらったことでメンバーたちの責任感が増して、女性プロジェクトが陥りがちなコストを無視した理想への暴走も起こらなかった。価格と自分たちが思い描くイメージとの折合いをつけた、現実的なプランニングを行った。

男性上司はひたすら見守る態度に徹してくれた。

「言いたいこともたくさんあったはずです。今、女性の活躍推進、推進って言いますが、やはり男性のそういう土台があって女性も頑張れるのではないかと思います。『信頼して任せる。責任はもつ』というのは、なかなかできません。やっぱり、男性ってすごいなって思います」

鈴木が支店長に大抜擢されたとき、ほとんどの男性職員がエールを送ってくれた。

「素晴らしいね。頑張ってたから認められてこうなったんだね。さすが浜信だよね。そういうところってすごいよね。俺たちも頑張るぞ」

●女の敵は女、女の味方も女

その一方で、どんな会社でもあるように、鈴木に冷ややかな視線を向ける男性も存在した。

「なんでパートのおばさんが支店長？　これ、どう思う？」

そんな声が聞こえた。家で落ち込んでいた鈴木に夫が言った。

「その男に『お前もなれるもんならなってみろ』って言ってやればいいじゃないか。お前もそのくらい心を決めてやらないと。嫌味まで言われるようになったのは、すごいことなんだぞ」

ある日、一緒に働いていたパート仲間からメールがきた。

「私の支店で『パートから支店長になるなんておかしいよね』と言っている職員がいます」

鈴木は唇をかみしめた。女の敵は女かもしれない。さすがに心が折れそうになった。

だが、女の味方も女だった。

準備室の若い女性メンバーたちは一所懸命にやってくれた。

「メンバーが本当にこんな力のない、パート上がりのおばさんに協力してくれて、支店長のために頑張るみたいな方向になってきて。私のマネジメント力のなさが、逆に、彼女たちに私を守りたいという気持ちを生んでくれたようです。本当にありがたかったです」

●メンバー全員でのローラー訪問

鈴木にとって最も印象深い思い出は、開店前のローラー訪問である。

きらりタウン支店に渉外担当はいない。個人来店型の店舗である。つまりお客さま自身にわざわざ店に足を運んでもらう。まずは店舗の新設を近隣の人々に知ってもらう必要があった。それにはオープン前にチラシを配るのが基本手法だが、やはりエリアに住む、働く皆さんと直接会って、コミュニケーションを取ろうという意見が上がった。しかし、メンバーの全員がそれまでローラー訪問経験ゼロである。うまくできるか不安だった。それでも自分たちのアイデアが詰まった新設店舗を成功させたいという気持ちで行動した。

鈴木は自分も含めた六人を二人ずつ、三グループに分けた。最初の日を終えてメンバーたちに状況を聞いてみると、二人では主導権をもって話す人と、ただの荷物持ちになる人に分かれてしまうことが明らかになった。六人が一人ひとりそれぞれ責任をもとう。そのほうが大変だけど自分なりに方法を考えることになる、という意見がメンバーから出た。鈴木はそれに従いやり方を変え、次の日から一人ずつ訪問に出ることになった。毎日、訪問から帰るとメンバー全員で反省会をする。どちらかといえば反省よりも、情報共有と意見の出し合いになるように心がけた。みんな、積極的に発言してくれた。

「自分も一プレーヤーとして訪問活動をして、『私、ここがダメだったよ』『こんなふうにお客さまから怒られちゃった』など素のままに言っていたので、多分、他の職員も安心したのだと思います。支店長でもこんなふうに怒られているんだ、という感じです。一方で口座予約をたくさん取ってきた時は、さすが支店長だ、私も頑張る、という雰囲気になりました」

訪問、情報共有、意見の交換、改善策の立案を通して、メンバー全員でよりよいローラー訪問を考えていった。セールスを嫌がる人もいるから、ここの地域に来ますよという挨拶をすることに訪問目的を転換した。上層部もガツガツして数字を取らなくていい、この地域に根付いて仲良くしてくれればいいと言ってくれた。

「途中から口座の予約活動を行ったんですが、貸金庫にしても年金にしても、数字的なことは気にせず、とにかく挨拶に行ってよかったら口座をどうぞ、と話しました」

●業績グラフをあえて導入した効果とは

地道なコミュニケーションを続けているうちに、口座開設の申込みが増えてきた。手応えを感じつつあったとき、予想していなかった意見がメンバーから出た。何か目標がないと自分たちの頑張りどころがわからないというのだ。みんなで話し合って、金融機関でおなじみの業績グラフをつけることにした。グラフをつけると一日の数字が明確に出るので大変である。自分たちをプレッシャーで縛ることになる。鈴木にもわかっていた。

「だけど、みんなが、ぜひそうしてみようと言って。あえてその道を選んだんです」

新規の口座予約件数などをグラフに表すと、その日頑張ったことが明確にわかる。そうなると全員の胸に仲間が頑張っているのだから、私もやろうという気持ちが生まれたという。これまでの話し合いのなかで情報共有する風土が育っているため、他のメンバーは遠慮なく〝取れた理由〟を質問する。成績を上げたメンバーのほうも自分のやり方や創意工夫を惜しみなく伝える。そのようにしてお互いを高め合った。競争はない。なあなあは論外。あるのは仲間同士の切磋琢磨だ。

「数字を示されるとやらされ感がしてしまうものですが、自分たちで言い出してやったことですから、みんなが負けまい、負けまいとなって。どんどん口座予約や貸金庫、年金などを獲得してくれて、面白いように数字が伸びていったんです」

照りつける夏の陽射しを浴びて、朝の九時から一軒一軒、黙々と回った。みんな真っ黒になった。当初はトイレを心配したが、暑くて汗が大量に出てしまい一度も行かなかった。それでも誰からも文句は出なかった。やがて全員がパッと住所を見ただけで、ここは誰のどこの家だとわかるくらいになった。数字は加速的に伸びた。

「女の人の良さって真面目なこと。言われたことはキチンとやる。彼女たちは申し訳ないくらい一所懸命やってくれました」

●きらりタウン支店長としてのこだわり

わずか一年間で九〇億円の預金純増の原動力は、自主性の高い、自律的なチームにある。土台となっているのは自由闊達に意見を交わせる環境で、それは鈴木が義親との生活で培った能力―聞き上手―がもたらした。

「ちょっと違った意見だな、と思ったときにワンクッション置ける能力は同居生活で養った特技です。私自身が力不足だったせいもあって、ざっくばらんに、支店長とは思わず友達感覚で仲良く話ができる、そういう雰囲気ができていたと思います」

鈴木は用事があるとき以外は、店のロビーでコンシェルジュをやっている。顧客が来店すればお茶をさっと出し、要望をうかがい、世間話に付き合うこともある。きらりタウン支店では大切なお客さまを第一線で支店長が迎えるというのが、彼女のこだわりだ。

「この店は来店誘致型です。つまり基本的には待ち。だからお客さまに足を運んでもらうために、期待以上の満足をしていただかなくてはなりません。それに、多くの金融機関がある中で浜信を選んで来てくださるのは本当にありがたい。そんなお客さまを支店長である私がまずいちばんにお礼を言ってお迎えしたい。その後に個々の担当に割り振って、そこでまた満足して帰ってもらうというのが大切だと思います」

リーダーの姿勢を見て、メンバーの女性職員たちも細やかな気配りをするようになった。鈴木は指導をすることを好まない。店内のポスターがずれていたり、パンフレットが乱れていれば自分で率先して直そうとする。すると若い職員が駆けつける。

「彼女たちは仕事はすごくできる。だけどそれだけじゃなくて、女性特有のちょっとした気づきができる人になってほしいと思います」

対して部下の若い女性たちは屈託ない笑顔で言う。

「私たち支店長と働いたから、舅や姑があるところに嫁いでもバッチリです」

最後に鈴木に今後の抱負を聞いてみた。

「人生百年、本当に人生ってつらいこと、大変なことばかりです。けれど、そういう道を通ってきたからこそ、今はいろいろなアドバイスができて、いろいろなことができて、人間的にも厚みが出るのでしょう。だから、これからも困難なことがいっぱい起こると思いますが、大変でつらいほうをあえて経験して、そのなかで一歩を踏み出してチャレンジして戦い、死ぬときに頑張って生きてきたなと思えればいいです」

妻として、母として、職業人として、鈴木はしなやかに精一杯生きる。

Column⑥

女性渉外に対する留意点

近年、女性行職員を渉外に出すケースが増えています。個人顧客に特化させる場合や法人も含めたフルの渉外など金融機関によって形態は様々です。

渉外の場合、目標の数字がありますので営業実績についてどこまで強く求めるか、指導するかに悩む渉外管理者も多いようです。特に男性渉外と同じように扱うべきか差をつけるかという部分です。男女差をつけるところ、同じに扱うところの両面があります。

差をつけるところとしては、いくつかのインタビューの中にもあったように、体力的な面や防犯上を考え、担当地域を店周にしたり、慣れるまで担当顧客数を抑え目にすることはあるでしょう。また、個人への運用商品の販売が得意であればそれに特化させることもありでしょう。

一方で目標達成度についての指導は営業担当の中で男女差をつけるべきではないと思

います。たとえば、男性で達成度が七割の行職員に対する指導と女性で達成度が同じく七割の行職員については同等に行います。男性だから厳しくあたり、女性だから大目に見るということはあってはいけません。それをすると営業組織としての規律が乱れます。

ある上司向けの研修でこんな質問がありました。「業務が多忙で営業会議をどうしても夜の時間帯に開催する必要があり、女性渉外だけ参加させずに帰宅させたところ、その後その女性渉外がモチベーションを落としてしまった。よかれと思ってやったのだが、何が悪かったのでしょうか」というものです。

その女性渉外はチームの一員として認められていないと疎外感を感じたのだと思います。逆に言えばとても責任感もやる気もある女性です。このようなケースでは、予定や都合がある行職員であれば男性でも女性でも無理な残業はさせられませんし、会議に出る意思があれば男性でも女性でも参加させます。そこは男女同じ対応です。ただし、夜間の遅い時間に女性一人での帰宅は場所によっては危険が伴うこともあるので、最寄駅からのタクシー代を支給するなどの配慮は必要です。そこの対応は男女差をつけてみるべきでしょう。

涉外課の決起大会などの店外での飲みニケーションも出る出ないは本人の自由にして、男女関係なく全員に声はかけます。ただし、強制と受け取られないような配慮は必要です。

女性渉外は、女性とはいえ、渉外のチームの一員で支店の目標達成と自身の目標達成に対する責任は男性と同じです。その責任を全うすることについて男女差をつけることは本人の意欲を削ぐことになりますし、チームの一体感も損なわれます。その点は男女同じに扱いましょう。

「厳しい収益環境を生き抜くためには、男性と女性を同じ目線で見なければならない」

浜松信用金庫　専務理事・鈴木和博さん

●金融機関の原点とは

渋井　きらりタウン支店は久しぶりの新設店だったとうかがいました。

鈴木　一六年ぶりです。

渋井　女性六人体制にしたのはなぜですか。

鈴木　金融機関の原点に立ち戻ろうと思ったからです。

渋井　原点とは？　どうしてそうお考えになったんですか。
鈴木　「でんかのヤマグチ」というお店がありますよね。東京・町田市に。
渋井　大手量販店やネット通販の安売りに対して、地元密着のきめ細かい御用聞きサービスで定価販売を成功させていますね。
鈴木　そう。昔の三河屋さんみたいなイメージ。
渋井　家電販売と金融機関のビジネスに共通点はありますか。
鈴木　定価販売でも成功するアナログなマーケットがまだ存在しているんだと、気づくきっかけになりました。
渋井　家電量販店も金融業界も、インターネットによる販売チャネルを強化するのが、昨今の流れです。
鈴木　しかしインターネットが一〇〇%なんてことはあり得ない。まあいって五〇%、このぐらいじゃないですか。まだ五〇%のマーケット。ところが、皆さんそちらへ行きたがる。す

ると、もう一方のアナログなマーケットって意外に大きいんですね。社会の高齢化で広がる可能性もある。ただ、このマーケットを攻略するには大きな課題が一つあります。

渋井　コストをどう負担してもらうか、という点ですか。

鈴木　そう。アナログのマーケットの条件は、お客さまに喜んでコストを負担してもらえるかどうかということです。

渋井　喜んで、というのは難しいですよね。

鈴木　難しい。けれど不可能じゃない。

●お客さまとの接点を減らしている現状

渋井　お客さまと親密な関係を築くことが〝喜んで〟のカギになりそうですね。

鈴木　それにはまずお客さまとの接点を作らないといけない。でも、それは金融機関の基本のはず。だけど、十分とは言えない。たとえば満期管理の徹底、これも基本なんですね。ところが、こういうもんはね、今、欠落してるんです。

渋井　自動継続定期でなんとなくこう…。

鈴木　そうそう。自分たちで接点を減らしてるわけでしょ、ATMにしてもそうですよね。確かに効率はいいですよ。でもそれは、どんどん少なくなっているお客さまとの接点を、自分たちでもっと減らしているわけです。私から言わせると、「お客さまが銀行の店頭なんかに来るわけがない」そういう発想からきているんです。そうじゃなくて、なぜ来ないかといえば、来ても面白くないから。でも、面白ければ来ますよね。たとえばお客さまが事業者だとします。仮にその会社の社長に「ウチの支店長のところに来れば、非常に儲かる情報をくれる」と言ったら、どんなに忙しくても来ますよ。

渋井　それがないから来ない、と。

鈴木　当たり前のことですよね、そんなこと。大会社の社長だって来ますよ。そうじゃないから我々が足を運ぶ必要があるんです。で、ある時、私のところに優良会社の社長から電話がありましてね、「いやあ専務、お宅の支店長が週に一回来てくれるんだが、あれもっと減らしてくれるように言ってくれないか」と言うんですよ。「なんで」と聞いたら、「来てもゴルフの話しかしない、有益な話は全然してくれない。来れば支店長だから、仕事の途中でも対応する。一時間もいる、言わないと二時間でもいる」と言うんです。

渋井　まあ、長くコミュニケーションするほうがいいと思ってのことですよね…。

鈴木　ところが中身がない。

●来店誘致に特化した支店開設の試み

渋井　きらりタウン支店には渉外担当者はいませんよね。

鈴木　渉外活動一切廃止、店頭だけ。いわゆる来店誘致の店です。その代わりいろいろいろな仕掛けを作る。同時に、金融機関の基本であるお客さまとの接点を作るためにいろいろな工夫をする。喜んでお店に足を運んでもらうために知恵を使う。

渋井　それが金融機関の原点ということですね。

鈴木　はい。きらりタウン支店は「原点を徹底してやる」というモデルで作ったんです。これを作るのに構想から五年かかりました。採算性からはじいていくと、預金は開店から五年で一五〇億と言ったんです。皆はね、一〇〇億でもとんでもないと言うんです。確かに今までの店でいくと、五年で三〇億とか五〇億が常識なんです。どうみても預金は。

渋井　それが一年で九〇億円も伸ばした。あえて女性六人を選んだのは、原点の徹底とどう関わってくるのでしょうか。

鈴木　仕掛けや創意工夫が肝心。だけど、男性ってもう凝り固まっている（笑）、既存の意識で。だから全く新しい意識で、女性の中から今まで有効活用していない有能な人間を選んだんです。

渋井　女性の柔軟な発想力に期待した、と。

鈴木　それと、やっぱり時代の流れというか女性の活性化という狙いもありました。うちは女性職員の割合が今（二〇一五年三月）だいたい三割なんですが、彼女たちに成功事例、活き活きとしている人たちの背中を見せたかった。だからどうしても成功させなければいけなかったんです。

●初の女性支店長の誕生

渋井　初の女性支店長も誕生しました。

鈴木　今回のきらりタウン支店の支店長の経歴って面白くて、実は私どもに勤める前はメガバンクに勤務していたんです。子供さんが生まれて子育てをやるために、そこを辞めたわけですね。それで、子育てがそこそこ落ち着いたからということで、私どものところにパートで来て、採用したんです。それから何年かして、彼女は正職員に登録する制度に応募して正職員になったんです。で、正職員になってから職位は係長までいったかな、ただ、役席前だったんです。その彼女を支店長に抜擢したんです。

渋井　役席経験なしですよね。

鈴木　役席登用試験というのがあるんですが、一応その登用試験には合格していました。ただし役席にはなっていませんでした。その段階で彼女を、いきなりポーンと支店長にしちゃったんです。で、ウチに規定がなかったんです。当然、人事部は「規定はありません」と言う。私は、規定って人が作ったもんだろう、と。人が作ったもんだったら、別に法律でも何でもないんだから変えればいいじゃないか。それで変えちゃったんです（笑）。

渋井　かなり揉めたんじゃないですか。

鈴木　抵抗ありましたね。「とんでもない」という手紙をもらいましたよ、他の女性から。匿名ですよ、もちろん。

渋井　他の女性から！

鈴木　要はヤキモチですよね。前からプロパーの職員がいるわけでしょ、もっと年上の人もいるわけですよ、その人で代理とか役席にもなってない人がいるんです。普通ウチのプロパーの職員ですと、新入職員で入りますよね、それから順番を追って係長になり、それから試験を受けて支店長代理になり、さらに試験を受けて次長になり、その後に支店長、こういう段階なんです。だから次長にまでならないと支店長になれないんです。次長になってもすぐになれない、だいたい二、三年かかって支店長になる。それが係長から、役席試験に受かったぐらいで支店長になっちゃった。しかもプロパーじゃない人間で、ウチに来て六、七年の女性がいきなり初支店長になったんですから。

渋井　男性側の反応はどうだったんですか。

鈴木　支店長たちから不満の声が出ましたよ。女性にどんどん荒らされたらポストが減るわけでしょう、面白くないですよね。

渋井　すごく率直におっしゃってくださいましたけど、そこをどういうことをおっしゃったり、どういうやり方で説得されたんでしょう。

鈴木　いやそうじゃなく、成功だけですよ。今はもう成功させましたから、誰も言わないです。

渋井　皆さん、文句というか、ちょっとクレームは出しつつも…。

鈴木　だから、あれ失敗したら私、大変でしたよ。非難の的でしたね（笑）。

渋井　もしかして強行で辞令出したんですか？　結果を見てくれという感じで辞令を。

鈴木　理事長もＯＫだったので。本人はびっくりですよ、支店長辞令もらった時は。

渋井　えっ。すると、鈴木支店長さんは何も知らず…。

鈴木　だって、ウチに制度ないんだもの。

渋井　いきなり伝えたんですか。

鈴木　うん。事前にあんた今度支店長やってみる？　なんてことは一切なし。

渋井　本人に断られる可能性はなかったんですか。

鈴木　いや、断るとは思わなかった。だから、ともかく支店長をやれと、こういう話です。

渋井　なぜ鈴木さんを抜擢しようと考えたのですか。

鈴木　性格とか、仕事ぶりとか、いろいろ見ていて、彼女ならできるなと思って登用したんです。そうしたら、見事やってくれました。

渋井　その、彼女ならできるというのは、多分いろいろな要素があると思うんですけど、いちばんの決定打は？

鈴木　お客さまにファンを作れること。営業店を見ていても彼女のファンがいるんですよ。要は接客ですね。

渋井　お客さまとのコミュニケーションに優れていたのですね。お客さまをそれぞれよく見て、有益な情報も提供できていたわけですね。

鈴木　あらゆることが、トータルで非常に優れていた。だから彼女ならできると。

渋井　確かにファンを作れるというのは、支店長になる上でとても大切な要素ですね。

鈴木　今だってお客さまがお菓子持ってくるんですよ。支店長に、食べてって。定期預金持ってきて、その上、お菓子ですよ。
渋井　それ、大事ですよねえ。
鈴木　大事。お客さまの自治会長も支店長のファンなんです。ファンが何人もいるんですよ。何も用がなくても来る。そして、お客さまを紹介してくれる。支店長はほとんど席にいないです。ロビーで皆さんとコミュニケーションをとる。

●職員の仕事ぶりの見極め方とは

渋井　そもそもなぜ彼女のことがわかるようになったんですか。
鈴木　支店回って仕事ぶりを見たり、いろいろ噂を聞いたり、お客さまからの評判を聞いたりしていますから。
渋井　鈴木専務理事さんは常にお店に行って、ただ支店長と話をするだけでなく、実は店頭をぐるぐる回って、職員の方の仕事ぶりをちゃんと見てたり、お客さまとのコミュニケーションの様子などもご覧になっているということですね。
鈴木　今は一年かけて全職員と話をしているかな、直接。ほかのスタッフも連れていきますよ。改善とか希望とかいろいろありますね。八割は私が答える。私が答えないと意味がありません。たとえばシステムの話になるじゃないですか、こういうことで、こういうふうにしないとできませんとか。それに対してシステムの部長とか次長に、システムの話だと思って振っちゃうと意味ないんです。これに関してはこうだ、と私が話さないと意味がない。支店長にしても係にしても、専務理事って単なる飾りだと思ったら、細かいことまで知っているんだと気づく。そういうことが大事なんですよ。

渋井　事前の準備はどうされているんですか。

鈴木　先週やった事例でいくと、二店舗。たとえば○○支店というところですけど、みんなこう改善要望を書いてある。ほら（ペーパーを見せて）。多い人も少ない人もいるけれど書いてある。

渋井　これを事前に提出してもらうのですね。

鈴木　ええ、これを私が勉強するわけ。ずいぶん細かいこともあります。

渋井　書類の文字サイズを大きくしてくださいなんて（笑）。たしかに細かいですね。

●男性とは違う女性の発想力

渋井　仕掛けや創意工夫が大切ということでしたが、女性支店長の発想力はどうですか。

鈴木　男性とはまるで違いますよ。たとえばオープンして間もないクリスマスの時に、普通は営業店ですと、職員が作ったものか、買ってきたものでクリスマスツリーを飾ります。彼女がやったことは、クリスマスツリーを飾る前に近所のお母さん、お子さんに声をかけて「クリスマスツリーを今度ウチで飾るけれど、その飾付けの教室を開きますから、みんなで作ってそれで飾付けしましょう」と。そうするとみんな来るわけでしょう。そういう飾付けの、要はものを作るところから始める。そのできたものを飾るわけです。それは、我々職員が飾ったものを店頭に置いておくのとは意味が違いますよ、全く。

渋井　参加した人はそれを見せたくて、また別な人を店に連れてきますね。

鈴木　だから仕掛けなんです。この前も、支店の中で土曜日にコンサートをやったんです。これもね、近所の方々が一五〇人ぐらい来たかな。皆さん、よかったよかったって。

渋井　どんなジャンルの音楽ですか？

鈴木　浜松出身の四人のプロの演奏家に来ていただきました。ちょうどバレンタインの日だったので「バレンタイン・コンサート」。来たお客さま全員にチョコレートを差し上げて、音楽は親しみやすい曲でしたよ。

渋井　そうやって、地域の皆さんと親しい関係を築いているんですね。

鈴木　私が大丈夫かって心配するくらい、次から次へといろいろなイベントをやるんです。

●女性の意見で建物のデザインを決定

渋井　一方で、きらりタウン支店内のギャラリー・スペースは鈴木専務理事、つまり男性側のアイデアですよね。

鈴木　私は箱の店を作るのが嫌だったんです。金融機関の建物って、多少今は変わってきましたけれど、言ってみれば箱を作って、そこで営業をする、それも一五時まで。それはまさに金融機関本位じゃありませんか、お客さま本位じゃない。それって違うんじゃないかと。だから新店舗はまずはお客さまが憩《いこ》える場所にしたかった。来年オープンする店があるんですが、ここもギャラリーを併設するんです。この店です（図面を見せて説明）。

渋井　いきなりギャラリーがあって、その奥にお店があるという構造ですね。金融機関のイメージじゃありませんね。これは楽しい。

鈴木　地域の公民館的な場所のイメージです。お店とギャラリーを仕切ってお客さまが土日でも使えるようにする。地域のいろんな趣味の会がありますね、その人たちに使っていただく。

渋井　建物自体も斬新なデザインですね。設計はどこに依頼されたんですか。

鈴木　きらりタウン支店と同じです。

渋井　東京スカイツリーを設計した会社ですね。

鈴木　ちょっと高いけどね（笑）。きらりタウン支店は、女性の設計士にしてくださいって注文したんです。

渋井　何から何まで女性にこだわったわけですね。

鈴木　現場で工事する人も女性にしたかったんですが、それはさすがに無理でした（笑）。女性設計者が作ってきたプランがＡＢＣ三つありましてね、我々役員でどれにするかということで、内々で選んだんですね。その時、票数がＡとＢに分かれたんです。すると理事長がね、「女性に聞いてみろ」と言った。それで女性を集めて意見を聞いたら圧倒的にＢ案。それで、よし、それに決めた、となったんです。宇宙船みたいなもんだな。屋根の形状がかなりうねっていて、カメにも似ている。

渋井　あの曲線のデザインは個人的に好きです。ホッとします。女性からの支持があったのはわかる気がします。

鈴木　来店誘致のお店ですのでね、特徴のあるお店にしましょうということで、すべて女性に選んでもらった。他の店舗は従来の形をしていますので、今のところきらりタウン支店だけが特殊なイメージになっています。

●きらりタウン支店の成功事例を広げていくために

渋井　今のところ、とおっしゃいましたが。

鈴木　いちばん大切なのは、きらりタウン支店の成功事例をアメーバのように広げていかなければならない、これが次の仕事なんです。ここだけ成功してもダメなんです。

渋井　「金融機関の原点を徹底する」と「女性の力を活かす」、この二つのセットがきらりタウン支店の成功を支えましたが、従来の発想でやっている職員の皆さんには理解できない、想像もつかないこともあると思うんですね。抵抗も出てくるんじゃないでしょうか。

鈴木　だから、きらりタウン支店の支店長を次にどこかにもっていくんです。もう二年の在任ですから。

渋井　なるほど。金融機関はピラミッド組織ですから、支店長の色に染まりやすい点がありますね。

鈴木　とはいえ、Aで育った人間を一人だけBに入れるとB側の色に染まっちゃうんです。抵抗勢力がありますから。やっぱり二人ぐらいをセットに一緒にポンと動かさないと。それで

改革をやってもらう。逆に、新しい発想のきらりタウン支店のほうに、従来の発想でやってきた人を入れる

渋井　その人に新しいやり方が染みついたら、また次のところにもっていく、と。

鈴木　そうやって組織を新しい色に染めていく。一気にではなく徐々に変えていく。意識改革ですから。

●男性も女性も同じ出発点から

渋井　新人の女性職員さんたちにもきらりタウン支店を見学させていると聞いています。

鈴木　今期、この四月一日、六一名入庫しているんですが、そのうち半分が女性です。大卒の女性です。ところが、ほとんどの人間が事務係です。で、融資に就く人は少ないわけです。最近は多少あるようですが、渉外、お客さまのところを回るのも男性中心なんです。まさに入庫の時点から、女性はどちらかというと事務係、男性は外回り、営業というように区別している。そんな意識がはびこっている。

渋井　人的資源を大いに活用しているとは言い難い状況ですね。

鈴木　そんなものは一緒だと、入ってきた全員、男性も女性も同じように扱わなくてはいけな

い。もちろん女性には多少の気を遣ってやらなければいけませんよ。

●男性側の意識と女性側の抵抗

渋井　じゃあ、今の若い女性職員は当初からそういう意識で入庫しているんですか。

鈴木　一緒というイメージで入ってきていますね。最近は男性も女性も外回りを二、三年のうちに一回経験しましょうね、という形にしつつあるんです。でも、これ結構、抵抗が大きいんですよ。

渋井　男性からの抵抗ですか。

鈴木　いや、女性側です。

渋井　ああ、陽に焼けるとか、脚が太くなるのが嫌だという…。

鈴木　ええ、それで辞めちゃう。

渋井　融資も渉外も男女関係なく経験するという前提で入ってきているはずでは？

鈴木　入庫するときは渉外もいいよって言ってたんですが、実際に出てみると、認識の差というのがあるようで。

渋井　難しい問題ですよね。同じ女性でも、私は気にならないという女性もいれば、絶対に嫌だという女性もいるわけですから。どう対応しているんですか。

鈴木　これもね、きらりタウン支店の事例がヒントになる。ちょうど開店時のローラー活動は夏だったんですよ。みんな真っ黒けですよ。それでも徹底的にやってました。あれってね、女性ばかりだったから団結できた。実は、ウチの組織の中では、今でも、女性を●●ちゃんと呼ぶ男性がけっこういるんです。

渋井　そういう男性は女性を甘やかしがちですね。「いいよ、いいよ。そこまでやる必要ないよ」って。

鈴木　すると女性側はそれが当たり前になってしまう。そういう上司や先輩がいて、余計なことされるのが困るんです。

渋井　確かに。男性側の可哀想だね、大変だねという言葉が、女性たちを甘えさせたり、被害者意識をもたせてしまうことって多いです。

鈴木　きらりタウン支店は、女性だけにしてみて新しい形ができたのかなと思います。

渋井　女性活躍を阻む一因に男の人の意識があるということですね。

鈴木　間違いなくそうですね。特に支店長と役席の意識を変えていかないとダメですね。昔に比べれば多少は進歩してきましたけど、まだまだですね。

渋井　男性側に、あまり女性に頑張って自分と同じ土俵で競争してほしくはない、という気持ちもあるんじゃないでしょうか。

鈴木　ええ、それも一部であるかもしれない。だけど厳しい収益環境を生き抜くためには、男性と女性を同じ目線で見なければいけない。ただし、もちろん男性と女性の体力的な違いなどは理解してですよ。

●「ライフサポーター」がプロ意識を高める

渋井　以前、浜松信金さんの女性職員の方々とお話しさせていただく機会があった時に、意識が高いなと思ったんです。ライフサポーターという職種の方たちでした。

鈴木　そのライフサポーター（LS）も私が始めたんです。もう七年ぐらいになるんですが、当初、営業店では預かり資産を獲《と》る女性と勘違いしましてね。私が言ったのはそうじゃなくて、「個人客全般、その中に預かり資産があるだけだ」ということ。で、一人につき一五〇人ぐらいの固有のお客さまを作りなさい。何でも相談に乗れる、そういう女性を目指す、ということで作って、今、二三人ほどいます。

渋井　アメリカのプロのFPみたいなイメージですか？

鈴木　そういうことですね。だから預かり資産だけじゃなくて、すべての相談に乗れる人を目指しています。極端に言えば、ペットの病院を探してくれとか、そういうのもありますからね。あるお客さまが私に電話をかけてきて「可愛がっている犬が死んじゃった。葬儀をやりたいんだけど、どこかお寺を探してくれないか」と言うんで、「ああいいよ。探してあげる」って取引先を紹介したんです。そういう機能って、金融機関ってものすごい情報を持っているんです。ただ、残念ながら、それだけ情報がありながら金融機関ってそれを活かしてないんですよ。

渋井　まさにアメリカ型FP、ライフのコンシェルジュみたいですね。

鈴木　全店配置したいんですけどなかなかねえ。今、公募制にしているんですよ、でも公募制だと手が挙がらないんです。

渋井　LSは女性のみですか。

鈴木　男性も一人います。今、二三名のうち五名を、ブロック長というのに指名して、五ブロックのうちの各担当ブロックを管理・指導するような立場で、各家庭を回ってもらっています。彼女たちはとても意識が高いです。

●組織の意識改革は〝やるしかない〟

渋井　組織の意識改革にはトップからの発信が欠かせません。
鈴木　これをなぜやらなければいけないか、ということを最初にみんなに理解してもらわないと失敗しますね。
渋井　新しいことをされる時は、支店長会議や社内報などで発信していくのですか。
鈴木　それはします。しますけど、ほとんど理解されないですね（笑）。
渋井　では、どうやって理解させるんですか。
鈴木　だからさっき言ったように、やっちゃうんですよ。
渋井　浜松の「やらまいか」精神ですか。
鈴木　そう。やって、悪いところは修正していくんです。で、成功事例を見せればいい。きらりタウン支店だって反対ばかりでしたよ。だけど実際にやっていってみて、成果が上がって。だから今、もう誰も言いませんよ。極端な人だと、「俺がやった」と言う人もいるくらいです（笑）。
渋井　相手の背中を押すためには事例で。それしかないと。
鈴木　もしくは中小企業のように、社長が絶対権力でもって命令ですよ。やるんだ、ってね。ただ、大きな組織になれば、上が絶対というのは一つ間違えば大変です。本来のやり方じゃないですね、それは。

渋井　成功事例を少しずつ作って発信していくしかない、と。

鈴木　だけど、やっぱりやるには、そのうちのかなりの部分は、やるならやるしかない、トップがやるんだという決断をしないとできない。あるとき、質問されたんです。「その決断って、よくできましたね」と。それはね、私が代表権を持ったからですよ。みんな大笑いになったけど、それ事実だもの。平役員のときはね、やはりなかなか通らないです。代表役員になって、権限を持つでしょ。そうするとやはりね、ある程度の動きがとれる。

渋井　別の言い方をしたら、代表権を持ったからには、そのぐらいの覚悟をもって改革をしなきゃいけないよ、ということですね。

鈴木　おっしゃる通り。代表権を持つということは飛行機のパイロットです。後ろにお客さまを乗せているわけでしょう。その乗客には家族もいるわけで、逆噴射したら大変ですよ。

渋井　どこまでリスクを取るか悩みどころですね。

鈴木　そう。あまりに大きなリスクは冒しちゃいけない。そうかといって、ある程度のリスクは取らないと利益に結びつかない。これは別に単なる収益だけじゃなくて、人材教育もそうです。

●女性職員のサポートと地域発展の関係性とは

渋井　女性が働き続けるための制度についてはどうお考えですか。

鈴木　経営として五ヵ年計画を作るんですが、目指すべき理想として、職員がウチの金庫に勤めてよかったと思えるような仕事場にしたいと掲げました。ただし、それとワガママは別です。

渋井　規律と満足度は別ですものね。

鈴木　ええ。産休については、会社は応援します。だけど、どうしても保育園の問題があるんですよ。それでウチが保育所を作ろうかということも考えたんです。三、四年前に。ところがね、我々のような業種には無理なんです。というのは、我々の店舗は今、五六あるんです。たとえば、隣の町に勤めている女性が子供を保育所のある支店に預けに来て、また勤め先に行けますか。

渋井　無理ですね。

鈴木　そうかといって、我々が何ヵ所も保育所を作るのは不可能です。それで今年、手当でやりましょうということで制度を変えたんです。保育手当、五万円。それであと、扶養手当も子供の数が増えるほど増やしたんです。最高額が三万円。四人できると、四人目が毎月三万円です。

渋井　産休明けの女性職員の働き方についてはどうでしょうか。

鈴木　ウチは従来、総合職と一般職という形でやっていたんですが、総合職、事務職という形に制度を改めたんです。なぜ事務職を設けたかというと、事務職の場合、給料は低くなるけど自由度が非常に高まるんです。営業や融資係は業務がどうしても遅くなりがちです。だから産休明けの女性は事務職になって、仕事が終われば一七時でも帰れるように。その代わり給料は低い。それで自分がフルで働けますよ、残業もできますよということになったら、その時点で事務職から総合職にもう一回戻りなさいという制度です。

渋井　最近、マミー・トラックに悩んでいる企業が増えています。出産しました、戻りました、時短勤務をやっています、また出産しました、産休取りました、また時短、というサイクルが一〇年ぐらい続いて、仕事の能力が年数に見合わない人材を会社が抱えなくてはならないという問題です。

鈴木　それは事実です。

渋井　どうお考えですか。いくつもの企業が時短勤務の期間を見直ししています。

鈴木　それは、もうちょっと大きな観点、『地域』として考えなければならない。信用金庫というのは地域がダメになったらダメ、運命共同体なんですよ。ということは、マミー・トラックを承知の上で、地域のためにそういう人たちを雇用していかないといけない。ウチの職員でも、そういうのを理解していない人がいるんですよ。あら、また子供産んで、ってね。でも、そうじゃないんだと。もうちょっと一ランク上の考え方をしなさいと。

渋井　子供が増えないと地域が発展しない、というわけですね。

鈴木　そう。東京は別ですよ、人がどんどん集まってくるから。だけど地方は大変です。浜松はまだいいですけど、もっと小さな町に行ったら唯一の雇用の場が金融機関ですよ、特に女性の場合はね。

渋井　ええ、地方に行けば信金さんか信組さん、地銀さん、農協さんが女性の雇用の大きな受け皿です。

鈴木　といっても、すべての女性職員がマミー・トラックに当てはまるわけでもない。きらりタウン支店の支店長は子供が三人います。義理のお父さんの介護もやって勤めていたんです。朝ものすごく早く起きて、子供のお弁当作ったり、親の世話をして、施設に送って、それから会社に行くと。それでけっこう夜遅くまで仕事していた。

●きらりタウン支店の成功は、女性職員たちの励み

渋井　そういう女性が存在する一方で、そういうのを見て私は嫌だって尻込みする女性もいますよね。

鈴木　まあ、すべてがそういう女性ばかりじゃないですから。よく言うじゃないですか、一〇人いたら二人は何もしない。これは女性だけでなくて男性もそう。

渋井　二-六-二の法則ですね。

鈴木　二-六-二って男性だけが対象じゃない。女性だって同じことなんです。

渋井　女性にも二-六-二があって、最初の「二」と「六」のうちの「二」にいきそうだなという女性たちにチャンスの扉を開いて、教育する。女性六人のきらりタウン支店の成功事例にもつながりますね。

鈴木　きらりタウン支店の意識の高い女性たちの背中を見せる。私もああいう姿になりたい、そういう女性職員たちがお陰さまで増えてきました。

渋井　意識が高いというのは仕事にしっかり取り組むという意味ですか。

鈴木　仕事に関してや、いろんな意味でね。ああいう女性像、ウチの金庫に入ったらああいうふうになりたいと。

渋井　仕事を通して挑戦して、一人の職業人として成長していく姿ですね。

鈴木　今までにないそういう形ができたので、それが女性職員たちの一つの励みになるんじゃないかなと思います。

Column⑦

公私の本人の希望や将来像の確認

上司の方からの相談で、女性行職員本人が仕事についての希望や特に独身者について結婚、出産等プライベートについてどのような将来像をもっているのか聞きにくいというものがあります。特にプライベートについてどこまで突っ込んで聞くのか悩んでいます。

仕事については、半期に一度の面談や自己申告シート等で希望を聞けばいいでしょう。問題は結婚、出産などプライベートについての将来像です。私は、この件については聞いても仕方ないので特に聞く必要もないと答えています。仮に結婚や出産の希望があったとして、だから管理職を目指させない、活躍推進の対象から外すということにはならないからです。また、結婚や出産は希望どおりになるわけではありません。

人事管理の面で現在の生活状況はある程度把握する必要はあるでしょう。それは男性部下も女性部下も同じことです。一方で、プライベートの将来設計を知ることにあまり熱心になる必要はないのではないでしょうか。

「世の中の女性活躍推進は彼女たちにとっても追い風。いろいろなチャンスが出てくるので」

多摩信用金庫　人事部部長・高橋尚子さん

●女性の先輩からのひと言

渋井　本日は高橋部長さんご自身のキャリアの軌跡と多摩信用金庫様（以下「たましん」ともいう）の人材育成や女性活躍推進の施策などについて幅広くおうかがいさせていただきたいと思います。よろしくお願いいたします。

高橋様はたましんさんで初の女性支店長となり、現在は人事部の部長という要職についていらっしゃいますが、何年入庫ですか。

高橋　昭和六一年、一九八六年です。

渋井　そのときは総合職ですか。

高橋　私が入ったときはまだコース制度がありませんでした。総合職、事務職のコース制度ができたのが一九八九年なんです。そこでそれまでに入っていた女性もどちらかを選択しなさいということになりました。その時なぜ総合職を選んだかというと、大卒の女性は必然的に総合職だよね、という雰囲気があり、私を含め大卒の女性は全員総合職になりました。

渋井　なるほど、入庫当時は支店への配属ですよね。

高橋　最初に府中支店に配属されて、そこで後方をやったり、窓口をやったりしました。三年目になったとき人材開発室という部署ができるということになって、研修所を新しく作ったり、研修計画を作ったり、立上げといいますか、そこの仕事だよということで人事異動があり

ました。それが一九八九年で、その人材開発室にいる時に総合職になったんです。

渋井　人材開発室には何年くらい在籍されたのですか。

高橋　二九歳で育休を取ったのでそれまでですね。四、五年ほどいた計算になります。

渋井　ご結婚はいつごろに。

高橋　一九八九年です。

渋井　高橋さんは育児休業の第一号なんですね。育休を取るのは勇気がいりましたか、それとも先駆者としての気持ちとかありましたか。

高橋　今とは環境が違い仕事を続けるという強い意志もなかったものですから。結婚した時は何とか続けられたので、そこはあまりハードルではなかったんですけど。子育てしながら働くことはちょっと無理だろうなと思っていまして、だから働き続けることは考えにありませんでした。

渋井　当時はそれが一般的ですよね。

高橋　ええ。ただ、研修担当でずっと女性職員を育成してきた先輩の女性がいまして。せっかくいいようにうまく育ってきて、お客さまとの対応もできるようになって一人前になると、みんなお嫁にいったり、子供ができて辞めてしまうと。「人材育成をしっかりやっているにもかかわらずもったいない。多分このチャンスであなたが育児休業を取らないと、後が続かないからできれば取ってほしい」ということをその先輩から言われ、そうかなと思ってですね。

渋井　なるほど、その方の話を受けて先駆者になろうと決めて…。

高橋　そうするともうあとは一気に。一号が出ると二号って早いんですよね、出るの（笑）。

渋井　最初に育休取りますって言ったとき、上司はどんな反応をしていましたか。

高橋　男性は優しいので心配するんでしょうね。自分の奥さんもそういう経験していないし、周りにもそういう人がいないので、子供を育てる時に母親がいなくて大丈夫かと、非常に心配をされたんです。

渋井　ちょっとプレッシャーになるような心配ですねえ。

高橋　私も心配一〇〇％の中で、また、上司からも「心配だ」と言われると、余計不安になって。

渋井　そうですよね。

高橋　「一年後戻っておいで」と言ってくれたのがやはり女性の先輩でした。男性は厳しさからではなく優しさから、心配症からきているんだなあと、今思えばなんですけど。

渋井　男性の価値観からしたら、お母さんが家にいて育てたほうがいいんじゃないかということで、それをそのまま言葉にして言うから。ご本人が選んだのに。

高橋　余計つらくなりますよね。

●身内の支援が頼り

渋井　そこを支えてくれたのが女性の先輩の言葉で、仕事と子育てを両立させてみようと、その言葉を支えに道を拓く第一号になろうとされたんですね。

高橋　そうですね。しかも行政も味方してくれませんしね。当時からですよ、待機児童問題。保育所の入所の問題は全然改善されてませんよね。保育所に行っても探しても、市役所に行ってても入れてくれなくて。

渋井　どうされたんですか。

高橋　これは家族を巻き込むしかないと思いまして。母はもう孫の面倒なんか見ない、自分の子育ては終わったんだから残りの自分の人生を楽しく生きていくんだ、という人だったので、頼めないだろうなと思ったんですけど、娘がそういう形で働き続けようという気持ちを表現した時に、だったら私が面倒見るということで。

渋井　お近くに住んでいたんですか。

高橋　いえ、近くには住んでなかったんですが、そういう気持ちを聞いてですね、近くに引越をしました。

渋井　それはありがたいですね。
高橋　いいえ、私どもが引っ越しました。
渋井　えっそうですか。どのぐらいの距離に。
高橋　歩いて五分のところに引っ越しました。元は全然違うところだったんですけれども。そういう環境を整えないと無理ですものね。
渋井　引越をしようというのは誰が決めたんですか？
高橋　ほとんど私のほうで決めて。
渋井　最初は保育所に入れるつもりで、いろいろやってたんだけれども、保育所が難しいので、じゃあもう親御さんに面倒を見てもらうしかないと。
高橋　市役所に行って話を聞いたり、保育所に直談判に行ったりという姿を見て、親もまあ多分ダメなんだろうなと思ったと思うんです。じゃあ私のほうで面倒見るからって。

●時短制度もなく一番忙しかった時期

渋井　復帰したのは出産してどのくらい経ってからですか。
高橋　ちょうど一年です。

渋井　その時にまた新しい部署に就かれるんですね。

高橋　はい、そうです。

渋井　復帰前には、一、二ヵ月前から仕事の準備をされたのですか。

高橋　当時は何も準備してなかったですね。今は育児休業中の自己啓発等々も用意したり、情報を会社からキャッチアップしたりというふうに始めているところなのですが、当時は本当に一年間、会社との接点というのは、税金の話ぐらいで。帰ってきた時も作文一枚書くぐらいだったので。

渋井　作文ですか。

高橋　ええ、社内報に載せるから一枚書いてと（笑）。

渋井　それで業務企画部に入られますが、時短勤務ですか。

高橋　当時はまだ時短勤務の制度がなかったんです。

渋井　じゃあ、フルで。

高橋　フルですね。仕事的にはいちばん厳しかった時期です。勤務時間がすごく長かったです。仕事の内容も広報ＰＲのため、企画を考えなくちゃならないので、家に仕事を持ち帰ることもありましたし、復帰して二、三年ぐらいは厳しかったかなと思います。

渋井　厳しい状況で仕事にはどのように取り組みましたか。

高橋　そうですね、育児をしながら仕事をしながらなので、最初は基本的にはフィフティーフィフティーだなと思ったんですね。育児五〇で仕事が五〇。でも仕事をしているサラリーウーマンとしてはやっぱり五〇％じゃしっかり仕事はできないと思ったので、この五〇％を七〇％にしたいと思ったんです。育児はもう三〇％でいいやと、母もいるし。この七〇％にするには効率化と自分の能力を上げていくしかないので。仕事の締切も、一週間あるというのなら、できれば五日間で仕上げるにはどうしたらいいかって考えたりですとか、能力アップするにはどうしたらいいかというと、知らないことがないようにいろいろなことを勉強しなければいけないかなと思ったりですとか、ということで本当に目まぐるしくやっていました。そして難しい仕事を任されたりして、一個ずつクリアしていくと次の階段が待っているような感じです。

渋井　無我夢中で次の階段、次の階段と上がっていかれるなかでまた転機が訪れて、たましんさんで二〇〇六年に新たに国立市に土日や夜間も営業する「すまいるプラザ」というコンサルティングショップを作ることになって、そこのトップのマネージャーとして白羽の矢が立ったんですね。

高橋　それまではPRの仕事をしていたので、「すまいるプラザ」というのができるらしいというのは知っていて、来年は広報とかPR面の企画で仕事が大変になるなと思っていたんです。それが、自分がマネージャーだということで驚きました。

渋井　それまでだいぶ本部畑でいらっしゃいますね。支店勤務で考えると間がずいぶんあいての現場の長ですね。

高橋　本来であれば営業店で年金担当をやったり、いろいろな係を経て現場に出るのが普通ですが、現場経験は非常に少なかったですね。

渋井　不安じゃなかったですか？

高橋　不安でしたね、とても。

渋井　不安だった。しかし〝やるしかない〟。

高橋　そう、やるしかない。

●女性スタッフ三人での役割分担

渋井　立上げ時のメンバーは全員女性だったのですね。

高橋　はい。私の下についてくれた女性三人は私よりも実務に長けていて、しっかりとお客さまに向き合ってきた優秀な女性たちで、こんなに心強いものはないと思いました。私がうまくマネージメントすれば能力のある人たちだから多分できるだろうと。

渋井　経験があり、自分より実務に長けている部下たちに対して、自分はマネージャーの役割だから、きちんとマネージメントして彼女たちの力を発揮させようというふうに思ったんですね。

高橋　そうです。女性だけの店舗ってこれまでもすでにあったんですけど、「女性だけの店舗は成功しない」って言われていたんです。ああ、そうなんだと思ってたんですけど、なんで成功しないのか、とも思ってたんです。よかったのは年齢が離れていたこともあるかもしれないですね。私のところに配属されたのは二〇代半ばから後半ぐらいの一般職、上が主任ぐらいですね。私はもう四〇代でしたので。それもあるのかなと思うんですけれど。

渋井　立上げの実務的な部分でのご苦労はたいへんだったと思うのですが。

高橋　当時は預かり資産なんかも金庫の中で指導する部署もなかったので、自分たちが何か企画を作っていかなければいけないということでした。まずは運営の方向性を出すために事業計画を作成しました。何年後にはこういう姿になるというのを掲げて、経営にも承諾をいただいて、とにかく成功させなければいけないという思いだったので金庫内外の様々な協力を仰ぎました。

その中で、三人が三人、同じ仕事をしてもダメですから役割分担をしたんです。

一人は資産運用担当でこれから個人の市場はどういうふうになっていくか、というのを分析したり、我々に協力してくれる人、セミナーや勉強会を開いてくれたりする人を探してきたり。また、いろんな提案ツールも必要だから、そういうものも研究したり。

もう一人は、今後個人のお客さまの課題として、相続の相談は多くなると思うから、顧問の税理士の先生のところにしばらくカバン持ちで行って、いろいろ現場を見てきてくださいということに。

もう一人は住まいの担当として、バリアフリーやエコ住宅を手掛ける建築家とのネットワーク作りや住宅ローンの勉強をしっかりして、セミナー企画など考えてもらったりしました。

渋井　それはいつやったんですか。

高橋　オープンの準備期間があったんです。一月に辞令が出て、オープンが六月だったので、それまでの期間ですね。

すべてが手探りですが、当時の担当役員や部長から金庫もバックアップするという声をかけていただいたんです。そういうふうに言われるのと言われないのとでは、背中の押され方が違うじゃないですか。成功しろとかじゃなくて、全面的に協力するからやってみろ、という話がありまして。でも、「協力する」と言われても、じゃあ、「あれやってこれやって」と言うわけにはいかないので、その言葉一つでいいと思うんですね。要するに小さい世界ですけれど、全権委任されているわけですから。コンサルティングルームのレイアウトだとか、椅子一つにしても自分たちで決めていいよと言われて、相談や報告しながらも自分たちで決めました。

渋井　任せるよ、それ勇気がいりますね、経営側も。

高橋　任せるよ、と言ったんですから、自由にさせて、と言うところじゃないですか（笑）。

渋井　そうですね。なかなかそうはならないですものね。実際、本当に任せてくれたんですね。

高橋　ええ、理事長を含めて事業計画を承認していただいた時に。

●たましん初の女性支店長に

渋井　すまいるプラザを成功させ、いよいよ二〇〇九年に一橋学園支店の支店長に就任されました。たましんさんでは初の女性支店長ということですね。この時おいくつですか。

高橋　二〇〇九年で四三、四ぐらいです。

渋井　一橋学園支店はフルバンクですよね。

高橋　そうです。

渋井　今度は法人の渉外とか融資のあるフルバンク業務の支店長さんになられたんですよ

ね。よく聞くのが、女性が副支店長や支店長に上がる時に、融資業務をやっていないことがネックになったり、本人が苦労することになるとうかがっているんですが、どうでしたか。

高橋　そうですね、そこがネックだなと思いました。リスケさえ知らなかったんです。「リスケって何？」って（笑）。そこからですよ。

でも、それまでの金庫生活のなかで財務諸表の読み方だとか、いろいろな資格試験だとか、全く勉強していないわけではなくて、それなりにやってきたので、多分勉強すればわかるだろうなと思ったんです。

一方で営業店というのはしっかりしたピラミッドができていまして、三課長がいて、それぞれの担当に分かれている。そこはやはりマネージメントが大切なんだろうなと思いました。迎え入れる側も女性の支店長は初めてですし、こういう経歴の人だというのはわかっているんです。だから、わからないことは聞くよ、でも二回も三回も聞かないから、という話をして。

渋井　そういうことは着任早々にみんなの前で直接言ったんですか。

高橋　はい、管理職クラスに言いました。

渋井　部下の方々のほうが年齢が上の可能性もありますよね。

高橋　そうですね、そういう職員もいましたね。

渋井　あくまでもピラミッドで支店長という役割についている以上は関係ないと。

高橋　ゆるぎないんですよ、営業店は。本部だと専門性の発揮でフラットな感じですけど、営業店はしっかりできているので、支店長の意見は絶対というところですから。

渋井　どこでそういう心境に達したんですか。

高橋　支店に迎え入れられた瞬間にその空気を感じたんです。たとえ女だろうが男だろうが支店長は支店長。ある課長が私に、「自分は支店長が替わった度に、社長が替わったつもりで頑張ってますので」というふうに言ったんです。ああ、そういうことなんだなと思ったので、その中に染まらなければいけないんだなと思いました。みんな平等というわけではなく、役割分担の中で力を発揮してもらったほうが楽だし得だな、と思いました。

●信用金庫のお客さまの感覚とは

渋井　うーん、なるほど深いですね。お客さまの反応はどうでしたか。

高橋　私がいちばん心配したのはお客さまの反応でしたね、職員の反応よりも。しかもその年はリーマン・ショックのあとで地域経済が本当に疲弊している時で。支店は商店街中心のところだったんですけど、お客さまに何て言われるかなと思いながら、前任の支店長と、二五

○先ぐらい支店長が持たなければならないお取引先があったのでそこを回ったんです。その時、感覚的に思ったのが、一九八九年にできた店なので、もう二〇年ぐらいの歴史があったんですね。たましん自身もその時七〇年以上の歴史があったので、限られた地域の中で長い歴史をもってやっていると、人が替わったからといっても、あまり変わらない。支店長一人が替わったってどうこういうのではなく、たましんという看板があったので。お客さまは「女性で頑張ったね」とか、「今まで恋愛も何もしないで頑張ってきたの?」という目じゃなくて、「たましんの会社の姿勢がすごいね。こういう時期に女性を支店長として出す、そういう会社がすごいね」というふうに褒めていただくことが多かったです。

渋井　これからの時代は女性を登用していかなければならないんだ、とお客さまのほうもお考えだったんですね。

高橋　そうだと思います。その地域の中で、信用金庫として根を張って活動していると、お客さまのほうが支えてくれるんだなと思いました。女性支店長に替わろうがどうしようがあまり関係ないということ。支店長の訪問する先って、歴代の支店長が行ってる先なので信頼関係ができ上がっているところですよね、そういうところを受け継がせていただきましたので。ただ、他にもいろいろな声があったと思います。部下はそういう声を聞いてきたと思います。でも、それで挫折するようなことはなかったですね。

渋井　支店のメンバーにもお客さまにも恵まれたようですね。

高橋　そうですね。次の支店長にバトンタッチするときには、少し店を一回り大きくして渡せたらいいなと思いました。

●女性支店長ならではの距離感を保つ

渋井　女性支店長ならではの苦労とか、悩みはいかがですか。部下の女性職員との関係とか。

高橋　支店長室はいただけるんですけども、私どこで着替えたらいいの、ということになった時に、普通は女子更衣室なんですよ。でも、女性職員とは融和しなくてはいけないんだけれども、女子更衣室で着替えてという融和はいやだったんです。そこの渦中に入っちゃうとガンジガラメになっちゃうから。で、ロッカーを買って支店長室の中で着替えるようになったんです。

渋井　そこはすごく大事な点ですね。距離感を正しくとるということですよね。

高橋　立場がそうですからね。トップは孤独だと言われていますが、でも、孤独じゃないといけない。何でも相談に来られても困るし、その相談を段階を経て、課長にするべき相談が課長の口から支店長に入ってくるのと、直接入ってくるのでは全然違うのです。その辺の階層

はしっかり考えました。女性なので多分、話しやすいというふうに思うこともあったでしょうが、逆に話しにくいということも作っておかないと、組織はうまくいかないかなと思います。

渋井　女性なので話しやすいと思ってフランクに接しようというか、女性ってフラットじゃないですか、女性としてフラットな部分を感じたりしましたか？

高橋　多分ですね、最初はそのフラットさ加減よりも、部下のほうが私の経歴を見てすごく引いたと思います。営業店経験はないし私たち大丈夫なのかな、という感じですね。そうすると、どっちかというと、こっちから歩み寄る形式になると思うんですが、それはしなかったです。自分に与えられた仕事はやはり、事業所を回るトップセールスですから、ずっと店の中に長くいるのではなく、年から年中外に出て、その姿を見ると、やはり男の人と同じなんだなというふうにわかってくるだろうなと思ったので。

渋井　組織や立場での役割を理解して徹しているところが、高橋さんのすごいところだと思います。

高橋　多分、支店長って本来、自分の店を与えられたので、全部自分でやらなくちゃならない。でも物理的にも時間的にも無理だから、職員を部下としてつけてくれている、そういう考え方に立つとすごくわかりやすくて。

渋井　支店にいらっしゃったのは新人の時だけですよね。支店で課長とか、副支店長を経ずにいきなり支店長ですよね。本部で管理職をしたとはいえ、本部の管理職と支店の管理職ってかなり違うじゃないですか。それでそういう支店運営の結論に至ったというのがすごいと思います。

高橋　最初の配属店舗が大型店だったんですね。大型店の店長はやはり優秀な支店長。すごくインパクトがあってですね、その支店長も、何か失敗があっても、どんな問題が起きてもちゃんと段階を経て整理していたんです。それからも、様々な男性上司の判断や指導の仕方を本部業務の中で学ばせてもらいました。

渋井　いろいろな方をそうしてずっと見てきて、それをしっかり分析してこうなんだなと成長機会にしていらしたわけですね。

●それぞれの個性をもつ女性支店長たち

渋井　今現在は多分、フルバンクの支店長さんになる女性の方が続いていらっしゃると思いますが、やはり中には躊躇してしまったり、私には…という方がいらっしゃるんじゃないでしょうか。

高橋　今のところ女性の支店長経験者は私含めて四人ですが、四人とも躊躇なしです！（笑）

渋井　四人とも融資も渉外もあまりやられてない？

高橋　一人だけですね、やったのは。彼女は自分で手を挙げて、融資もやらなくはいけないと言って、叩き上げで本部経験が全くなく現場でやっている支店長です。とても逞しいですよ。あとの三人は、ほぼ私と同じようなところを通ってきています。

渋井　たましんさんは頑張っている女性に対して、きちんと見て、報いていますよね。

高橋　同じ経歴でも性格もいろいろですし、考え方もいろいろです。よく部下と相談しながら事を進めていくタイプもあり、私のように相談するふりをしながら自分で決めてしまうのもいますし、それぞれですね。

組織がしっかりしていて、支店の中の機構がちゃんとできているので。そこでトップが女性だと、逆によい影響が出る可能性もあります。私は自分自身ではわからなかったんですけど、お客さまから「お店の中が明るくなった」と職員が言われてくることがたびたびありました。その明るさは何かというと、別に壁を張替えたりとか、そういうことではないんですが、店頭の雰囲気とかでしょうかね。

渋井　それで、支店長を経験されて、次に本部の価値創造事業部に入られて副部長をやられて、二〇一四年に人事部の部長ですね。

高橋　人事部では、採用と、それから研修といわゆるポジティブ・アクションのところですね、それを担当してやっております。

●若い世代の女性には制度と機会を

渋井　ではここからは、そのポジティブ・アクションや女性活躍推進の施策についてうかがっていきたいと思います。

最近はますます女性に追い風が吹いていると思うんですが、何かご本人の中で心がけたり新たにこういうことを仕組みに盛り込みたいというのがもしあれば、教えていただきたいんですが。

高橋　女性の管理職が今一一名いるんですけれど、そういう女性は大した制度がなくても、放っておいても自分でやる人たちなんですよ。一方でプレ管理職的な位置付けの女性職員が約一四〇人いるので、今後、特に若い世代はしっかりと制度を整えていろいろな機会を与えてあげていこうと思っています。

渋井　プレ管理職というのは、店課長や係長、主任といった管理職以外で役職のついている方ですね。その方々の育成がより効率的により確実になるように、制度だったり仕組みだったり、能力開発だったりを…。

高橋　していかなければいけないかなと。遅まきながら、昨年初めてポジティブ・アクション研修というのをやったんですけど。

渋井　反応はどうでしたか。

高橋　いよいよ始まったかという女性と、何で今さら呼ばれなけりゃいけないのという女性に二分されているような気がしました。でも話をするといろいろな意見が出てきます。さらにロールモデルになる女性支店長に講演をしてもらったんですね。せっかくだから、今までの経歴ややりがいとかをちょっと考えてきてと。あんまり圧迫にならないように後進を育成するような講演をしてちょうだいと一時間ぐらいコマをもってもらいました。そうすると、自分だって普通だったんだというような話をしてくれるわけです。それは店課長クラス向けにですね。

もう一つ係長クラスには、金庫の中にもいろいろな女性がいるんだよってことを伝えるために育休後二人の子育てと仕事を両立している女性と、すまいるプラザのマネージャーと国際部の管理職、あと事務指導で臨店をしている教育担当の女性を集めて、パネルディスカッションをしたんです。そうするとけっこう質問も出てきますし。ヨソの会社の人の話を聞くと「その会社はすごいから、ウチなんかまだそこまでいってないから」となるんですけれど、自分の会社の中にもそういう人がいるんだ、ということが少しわかったかなと思います。

●実力のある人を育てる

渋井　今やってることが先にもつながっているということがわかるし、ご自身の先のことも考えてみよう、そのために今何をしようと考えるようになるんでしょうね。

高橋　その研修を経て店課長の試験を受けた人が増えましたし、ちょっと開眼しましたといってもう少し頑張ってみようという気持ちの人もいますし。

世の中の女性活躍推進は、すごく彼女たちにとっても追い風だと思います。いろいろなチャンスが出てくるので。ただ、全員が全員じゃないと思うんですよね、管理職を目指していなくても自分の役割を全うしている女性もたくさんいるわけで。

渋井　数値目標はありますか？　何年後に女性管理職の割合を何％にするとか、課長以上の人を何％に増やすとか。

高橋　そういうことはないです。女性の管理職をもっと出さなければいけないということは理事長からも言われています。だからといって、特別に数値を設けたり、世の中の流れに迎合する必要はないから、実力のある人を育てていかなければならないとも言われています。

渋井　先ほど、効率と自分の能力を上げていくしかない、という言葉がありました。おっしゃる通り効率的に仕事をして自分の能力を上げていけば、出産しても働き続けられる。では能力を上げていくための意識はどうなんですか、彼女たちは。

高橋　育児休業を取った職員の話を聞くと、やはり限られた時間の中でも、時短で帰るのは申し訳ないと、極力自分のやることはしっかりやって、できるだけ効率化をしてやっていこうという気持ちでいるので、完全に復帰した時の成長度合いは高くなると思います。しっかり見てくれている上司なら「ああ、そこまで頑張ってる、次の成長が楽しみだ」ということになるのですが、そういうところのコミュニケーションがなかなかうまくいかない。奥ゆかしい女性がけっこう多いんです。そういったところも解決していかなければいけないから、復帰後に所属長と面談する制度を作ったりしています。声なき声になっちゃうんですよね、女性の場合は。あまり手を挙げたくないので。自分のできる範囲で一所懸命やって、見ていてくれても、見てくれていなくても頑張る。でも、もうちょっと周りを巻き込んでいってほしい。とにかく二つのものを得ちゃいけないと思っているらしくて、欲張っちゃいけないと。上にも行きたいんだけれども、家庭もあるし、周りの人に迷惑をかけるし、と言う。二つ欲しいなら二つとも自分のものにしちゃえばいい（笑）、と思うんですが。二つとも自分のものにしちゃうにはどうしたらいいか、ということで協力できることがあればするし。女性は過小評価しちゃうんですよね、自分のことを。セミナーで自身を振り返ると、自分は何もできない、これもまだ一人でできないとかいうのが出てくるので。それができないじゃなくて、これはできないけれど、こっちはできるようになりましたよ、そういうふうになってほしい。

●復帰後の自分の働き方を考える「プレママセミナー」

渋井　インタビューしていて耳にするのですが、若い方が入社して一、二年で結婚して、デキ婚も多くて、育休を取得して、職場復帰して、ところが時短中に再び出産してということの繰り返しで、一〇年ぐらい経ったらもうとてもじゃないけど、課長職など年次として求められる役割を担う仕事力がついていないことが、問題になったりしていますけれど、そういうのはないんですか。

高橋　これから出てきますねえ。

渋井　出てきますか。

高橋　はい。ですので育児休業や時短を無理には広げないでとは思ってます。人事部の立場としては、取るなとは言えないんですけれども、早めにフルタイムに戻っていこうよ、ということは言っていきたいと思っていまして、「プレママセミナー」というのをやってるんです。そのプレママセミナーでは、これから妊娠・出産で休暇を取ろうという人たちに、育児休業に入る前に復帰後の自分の働き方を考えることをしてもらっています。時短だとお給料減るわけですから、できれば時短なんか取りたくないわけですよね。だったらそういうふうにならないように、取るんだったら、いつまで取る、いつからは完全復帰をすると自分で決めておく。二人目、三人目を産むと時短勤務が長くなり一〇年くらいはあっという間。一〇年経って自分の強みやキャリアが見えなくなる可能性だってあるので。

渋井　それを発信していくんですね。

高橋　はい、プレママセミナーで。いよいよその時期かなと思っています。

渋井　それは高橋部長さんに言われるととても説得力がありますね。

高橋　「やっとここの保育園が見つかって時短をやめることができました」って言ってくる人もいます（笑）。

●キャリアの〝見える化〟

渋井　キャリアを長くして支店長を目指そう、という話はされているのですか。
高橋　総合職の管理職には支店長を経験してほしいです。ここで人事制度も変わって、事務職も管理職になれる道筋が二〇一五年の四月からできました。副支店長までですが、変化が出てくることを期待しています。
渋井　楽しみですね、それも。
高橋　はい。管理職になった時に、「じゃあ今度は、フルバンクの支店長に」と気持ちが変化していくか。それには融資がネックであるというならば、融資の勉強を先にさせてしまえばいいわけなので。
渋井　実際に成功した方がいるわけですから、後は勉強ですよね。机上の勉強と実務を。
高橋　金融は人と接する仕事なので、自分のお客さまとどうやって、うまく向き合っていけるかに尽きるんですよね。

渋井　結局そうだと思います。融資の知識も必要ですが、最終的にはお客さまあっての商売ですから。

高橋　いろいろな社長さんにお目にかかって、勉強になりましたけれど、結局は人なんだなというところがわかって。

渋井　新任支店長研修の時にも、今のようなお話をされるんですか。

高橋　新任支店長研修は男性も女性も一緒ですから、女性扱いしないで、男性と同じです。ただ、個別にはいろいろ話はします。

渋井　男性は融資経験者が多いんですか。

高橋　今は男性でも営業課長をやったことあるけれど、融資はやってないというキャリアもいますよ。

渋井　でも、上に立つというのは、そういうことですものね。自分がすべて経験してきて上に立つなんていうのは、逆にレアケースで。知らないことたくさんあるけど、マネージメントでそこは回す、そういうことですね。

高橋　だからもっとその人のキャリアとかを「見える化」すれば、ああ私にもできるかなと思うんでしょうけど。でも、それはその人の人生で、やっぱり真似できるところと、自分のやり方でやるところもあるでしょう。自分でつかんでいくものだと思います。情報がたくさんあるわけですから。

●「すまいるプラザ」が女性活躍の登竜門に

渋井　最後に女性渉外についてや、インタビューの前半で出てきた「すまいるプラザ」、その仕組みや狙いについてうかがいたいと思います。たましんさんでは、シニア・アドバイザーという女性渉外が一三〇名以上いらっしゃいますね。

高橋　シニア・アドバイザーは年金に特化した渉外業務です。もう三〇年以上前からやってるんですけれども、そのシニア・アドバイザーたちが頑張って、年金の振込件数も増えてきたんです。ただやっぱり、いつまで外を回っていればいいんだろう、という不安も出てきます。一〇年、二〇年外訪活動し、じゃあ今度は後方事務をやれるのかという不安もあります。一方で世の中が金融の自由化になって預かり資産の垣根が外れて、信金もいろいろと取扱いが始まったんですけれども、いわゆるリスク商品の提案のところですね。我々はフェイス・トゥ・フェイスの営業をしているんですが、出向いて行ってもなかなかお目に掛かれない方が多くなってですね、共働きで資産運用したいという世代です。お客さまの声を聞いても「インターネットでいろいろと手続きができる一方で、実際の金融機関の話を本当は聞いてみたいんだけど、一五時までで終わっちゃうから無理じゃないか」というところです。そういう時代の変遷があったんです。

そんな事情があってコンサルティングショップの「すまいるプラザ」を作りました。そこは土日も営業で、夜間も営業しています。シニア・アドバイザーの成功事例もあるので、まず、試行的に女性だけの店舗を作ろうということでした。最初の場所は国立市です。新店舗を構えるとかなりコストもかかるんですけれども、駅前に支店がございましたので、その上の階をコンサルティング専用のブースにリノベーションして、セミナールームを作ったんです。最初そこに女性を四人配置したんですが、その時、ちょうど私は管理職になる年だったので、マネージャーにしていただきました。その下にお客さまの懐に飛び込んでいろいろな相談をしていた女性のシニア・アドバイザーが三名来たのです。

そこが今では女性活躍の登竜門になりつつある、というところです。現在は八拠点あって「すまいるプラザ」の人数も全部で四〇名ぐらいになっているんです。

渋井　それは全部女性の方ですか。

高橋　今は男性もいます。ただ、マネージャーは全員女性です。以前はシニア・アドバイザーから先のキャリアが見えなかったんですが、いずれはコンサルティングでもっと高度な知識を身につけて、個人のお客さまに対応することになった。そしてその「すまいるプラザ」から、今度は女性の支店長が出たり、融資課長が出たり、そこをステップに門戸が開けてきたかな、というところです。

渋井　だいたい人員的には、一つの「すまいるプラザ」はマネージャーがいて、アドバイザーが五人ぐらいのイメージですか。

高橋　四から七人の小さなマネージメントをすることによって、そこからいろんなことを覚えて、スキルアップして出て行くという感じですね。

渋井　ここが一つの修行の場なんですね、店舗の運営や管理などの。

高橋　はい、そうですね。シフト勤務の問題ですとか、人事考課もつけますし、本部との交渉もしなければいけないですし。お客さまのクレーム対応とか、まあ、小さな店ですよね。

渋井　どこかの支店の傘下に入っているのではなくて、独立した形ですか。

高橋　基本的には本部付きになっているんです。価値創造事業部の下にありまして、インストア・ブランチとして出したりとか、ホテルの中に出店したりとか、機動性のある出店の仕方ができています。

渋井　シニア・アドバイザーをだいたい何年以上経験すればトライする資格がもてるとか、そういう制度はあるんですか。

高橋　制度的にはないので、人事異動の時に、適性を見てです。外に回ってお客さまのところに出向くほうに適性がある職員もいますし、もうちょっとステップアップしたいというところで「すまいるプラザ」を志望する職員もいます。ただ、そんなに箱がいくつもないですから、選抜をしながら、という感じですね。

渋井　シニア・アドバイザーが外を回りながら、相続や資産運用のことなどを、自分でいろいろ勉強をしたり、検定試験を受けたりした上で、本人の希望と実績と適性で、人員が空いていれば入れて、今度そこからまたいろいろ店舗の運営などを学びながら上がっていくという道が用意されているわけですね。

高橋　そうです。

Column⑧

男女の性差

男女の仕事上の能力に差はないとはいえ、体や精神面での違いは存在しています。

主なものとして「体力の問題」「毎月の体の周期」「年齢による体調、気持ちの変化」です。

まず純粋な「体力の問題」です。もちろん個人差はありますが、一般的に男性と女性では体力差があります。いくら男女平等とはいえ、様々な面での配慮は必要です。

「毎月の体の周期」は女性の中でも重い人もいれば軽い人もいて個人差があります。特に重い人にとっては男性の想像を絶するようなつらさです。男性上司にとっては、セクハラのリスクがあるので、神経を使うところだと思いますが、重い女性はたぶん見ていればわかりますので、そっとチェックしておいて、手帳にでも印をつけておいてください。観察しているとやたらカリカリしたり、反抗的な態度を取ったりするのが一週間ほどあるかもしれません。正直これは直しようのないところです。上司としてはいつも以上にミスが出ないか意識してみてあげてください。

　次は「年齢による体調、気持ちの変化」です。毎月の体の周期ほど明確なものではないのですが、年齢を重ねることによって、イライラしたり、病気ではないけれど体にだるさを感じたりするようになってきます。これも男性上司からは言いにくい話題で、できれば経験のある女性上司や女性のベテラン行職員の方がフォローしてあげられるといいかもしれません。

#「男性が営業、女性が窓口、と決めることが女性の成長の機会を奪ってしまったのではないかという反省もあります」

X信用金庫　人事担当理事・Aさん、人事教育部部長・Bさん

●女性営業の今に至るまでの経緯

渋井　現在の男女別の人員構成はどのようになっていますか。

A　正職員でいいますと、約四五〇名のうち比率的には女性が四〇%を超えた状況です。

渋井　傾向的にはいかがですか。

A　以前は女性が三割だったんですよ。それからだんだん女性の割合が増えまして、今では女性が四割を超えました。ですから女性が今までと同じような仕事だけをしていては、これからの支店では回せません。

渋井　女性に活躍してもらうのは必然ということですね。

A　たとえば、女性も男性と同じように外回りの営業の仕事もやってもらう必要が出てきます。ただ、女性すべてが男性と同じようにできるかというと、うまくいかないこともあるので、その中でも性格とかやる気などを見て、今後将来伸びそうだという女性を営業に出したらどうかということになりました。当然ながら出す前にいろいろ検討もして、実際の声も聞くなどしました。そして、昨年（二〇一四年）から四名営業に出し、現在は五名になっています。

渋井　初の女性営業ですね。

A　いいえ。実は一九九四年に最初に女性の営業をということで、フル営業という形ではなかったのですが、集金業務をやるということで何人か出しました。

渋井　ほぼ二〇年前でしょうか。

A　ええ。けれど男性側から「可哀想じゃないの」と言う声がポツポツ出てきたりしたものですから、だんだん女性のほうも被害者的な意識をもってきたのかな。どうしても雨の日も外出しなければいけませんしね…。自然と女性の営業係がなくなってしまったという経緯があるんです。

渋井　自然消滅的になってしまったんですね。確かに今ほど、女性活躍推進の熱はない時代ですね。その後は何か動きはあったのでしょうか。

A　その後女性を外に出したのは、年金担当者の「年金レディ」です。四、五人のチームを作って知識を深めるための研修をして、一人で数店舗担当して営業店を回り、営業担当の手伝いを兼ねながら推進していった経緯があります。それは今も続いているのですが、人繰りの関係で若干人数は少なくなっているというのが現状です。

渋井　年金レディはいつ頃からスタートしたのですか。

A　一九九八年以降で、十数年経ちます。

それから最近では二〇一一年から、テラー係を中心に預かり資産を販売できる職員を育てようということで、本部に「マネーアドバイザー」というネーミングで男性一人女性三名のチームを作って立ち上げ、そこでマーケットの勉強をさせて、国債だとか投資信託関係の勉強をさせた上で、そのメンバーが先生になって各営業店のテラー係を教育指導し、営業店のセールス活動を推進しています。

渋井　そちらの効果は出てきていますか。

A　ええ、お陰さまで店頭での国債販売は定着しているのかなと思います。信金の中でも国債の残高がトップクラスになり評価をされています。

渋井　全国の信金さんでトップクラスですか。

A　はい、そうです。この試みは成功したのかなと思っています。

渋井　それは素晴らしいですね。

A　はい。最近では保険販売だとか、人によっては投資信託を勧める場合もあります。得手不得手もありますし、お客さまのニーズをどう探るかにもよるんでしょうが。そういう形で店頭での活動はやっています。

渋井　年金レディや預かり資産の取組みがあり、外回りの女性営業の登用になるわけですね。

A　はい。その流れのなかで二〇一四年からフルの女性営業を出すことになりました。当初四名出したのですが、配属する店舗長を呼んで、女性営業を出す意図をしっかり伝えました。男性と同じように扱うことになるわけですが、当然女性ですから防犯ベルなどのグッズの装備は別途用意しました。その装備以外は、男性と同じスタイルでやってもらいました。ただ当初は、我々は持ち数というのがありまして、それを少なめにしました。つまりお客さまの数ですね。地区設定をして少しハンデをつけたということです。それは徐々に広げていけばいいことだし、潰れてしまったら元も子もないので。最初はそういう配慮をしました。

渋井　フル営業の方々の所属する支店はどうやって選んだのですか。

A　営業担当者が多い店をベースに選んでいます。通常、私どもの店舗の営業人数は三人か四人ですが、カバーする人間がいないとやはり難しいのかなという観点から、五、六人営業担当者がいるところに女性営業が入っているという状況ですね。

●女性の登用は男性の活性化にも効果あり？

渋井　そうすれば何かあった時に男性営業がフォローできますね。

A　ええ、何かの時に誰かいないと、ということもありますし、やはり多くの人数のいるところに女性が入ることが、男性の活力になるということも、邪推かもしれませんがあるかなと思います。

渋井　効果はありましたか。

A　特に女性が元気な人ですと競争心が煽られます。女性のほうが負けるものかって気が強いとか、そういう気持ちがある女性ですと、男性も気合が入るのかなという点はあります。

渋井　お店全体が活性化して、業績に反映するとか。

A　やる気につながっているということはあると思います。やはり最近の男性はおとなしい人が多い。外から戻ってきても黙々と仕事をしているというイメージを私どもは強く受けるので、そういう刺激もありかなと（笑）。

渋井　おとなしい男性でも、女性が頑張ってると自分もいいところを見せたいですよね。女性営業の育成ですが、ある金融機関さんでリタイアされたＯＢの方が一日何時間かでも女性渉外と一緒に外に出てもらっているという例があります。そのようなインストラクター的な方はいらっしゃいますか。

Ａ　支店長経験者のＯＢが一人いて、新人の営業担当について回っています。ウチでは男性の場合は新入職員で入ってくると一年後に営業に出します。そういう新人営業は支店長経験をしたＯＢと一緒に回るのです。女性営業について回っているという話はまだ聞いていないのですが、やればできないことはないはずです。現場の担当部署の話も聞かなければなりませんが、やってみたいですね。

●女性職員だけの会を通じて見えてきたもの

渋井　営業に限らずですが、女性職員さんの横のつながりとか意見の吸上げなどは何かやっていらっしゃいますか。

Ａ　担当業務に関係ない会合と、女性営業だけの会合と二種類を開催しました。

関係ないほうの会合は、女性の中堅職員五、六人をピックアップして、女性営業も二人入って、女性の活躍推進をテーマにディスカッションの場を設けました。

今、組織の中で女性が一番上に立っているのが、本部の調査役は別にして営業店では窓口の係長です。ウチは二十数店舗ありまして、そのうち約六割の一四店舗が女性の窓口係長なんですよ。そういう状況下で、会に呼んだ窓口係長の女性に「今後自分たちがどういうふうに当金庫で働いていきたいですか」という問いかけを参加者にして、自分が考えていることを教えてくれないかと聞いたんですね。

渋井　どんな反応がありましたか。

B　女性の中には結婚して子供がいる方も何人かいました。子供がいる方々は、やはり一度育休に入ったりしますので、現場を離れなければならない。戻ってきた時に、再スタートしてもう一回やらなければならないということがあるので、そういう不安をどう取り除くべきかとか、いろいろな意見がありました。前例に乏しいのでイメージがもてないことが大半だったのかなと思います。また、支店長ないしは副支店長が、「あなたにはこうなってほしいんだ」という期待をあまりかけてもらえないということもあったりするので、自分がどういう方向に行ったらいいかというイメージがはっきりしない。そういった方向性などをアドバイスしてほしいんだという話がありましたね。

渋井　そのリクエストについてはどのように応えていくつもりですか。

A　職員に会社が、ああしなさい、こうしなさい、という人生の方向づけの命令はできないですよね。ただ、やり甲斐をどう見出すかという手助けはしなくちゃいけないですし、育休を取って、復帰して次のステップに挑戦したいんだという気持ちは尊重したいし、もちろん応援したい。たとえば一度休んでから支店に入った場合は戻れる環境を会社としては作らないといけない。そんなことが、いろいろ話をしていく上で見えてきたところです。

渋井　女性営業の会合はどんな内容ですか。

B　女性営業と私たちの懇親会を開催しました。営業に出てある程度落ち着いてからということで今年（二〇一五年）の一月です。一回集めてどういう具合なのか、ある程度ストレスも溜まっているでしょうから、吐き出してもらおうという意味合いもあって懇親会をもちました。

渋井　彼女たちからはどんな話が出ましたか。

A　その時にはあまり仕事のつらさだとか、そういう話は出てこなかったですね。ただ、営業統括部長や理事がいましたので、抑えていたのかもしれません（笑）。

B　そういったガス抜きじゃないですけれども、状況確認を折を見てやらなくてはいけないと思っています。それに本人たちに「本部もあなたがたを見ているんだよ」ということを知らせないといけません。

●ロールモデルが生まれてくる環境を作ることが大切

渋井　先ほど、女性が今までの仕事だけをしていたのでは支店も回らない、ということをおっしゃいましたが、女性職員の比率が上がっていったのは、どんな理由でしょうか。

A　昔よりも結婚や出産しても退職する女性が減ってきたのが大きいですね。

B　お子さんを産んで育休を取ってほとんど復帰しています。

渋井　働き続けられる制度を充実させてきた結果ですね。

B　女性には働きやすい環境になっているのでしょうが、働きやすいのと甘やかすのとは違うと思いますので、本質的には男性も女性も公平に成長していくような仕組みを考えていかなくてはいけないですね。

渋井　コストもかかりますし、働き続けてもらうために会社がいろいろしている以上、それに見合うリターンとして女性職員の方も成長していって、価値を提供してもらわないと困りますよね。

B　そういう成功例が出てきて、後輩の女性はその姿を見て、ああいう人になりたいという人が出てくればと。それは企業がこういうロールモデルがありますよっていうのでは作れない。それは女性の皆さんが経験して自分が思う通りにやってきて、それに共感する方がいれば、それがロールモデルになる、そういうふうになればいいと思っています。

渋井　企業がロールモデルを作るのではなくて、生まれる環境を作るということですね。

A　金庫内のディスカッションで、最初はロールモデルを作らないと、と話していたんです。ただ、話しているうちにロールモデルって作るもんじゃないでしょうとか、ロールが生まれてくる環境を作るのが大切とか、それにいろいろな働き方、生き方があるから、一つのロールモデルじゃなくていいんじゃないかとか…。

渋井　確かにいろいろな会社でロールモデルがいないという話をよく聞きます。ただ、厳しいようですがそれが女性自身や会社側のできない、やらないことの都合のいい言い訳になっているようにも感じます。ロールモデルがいないからできないと言っていたら、いつまでたってもできない、やらないということになってしまいます。

それからこれもいろいろな業界の会社で聞くのですが、女性の中には「今の仕事で満足している、今の仕事をしているだけじゃダメなんですか」と言う方も多いのですが。

A　今の仕事をやり続けることを否定はしませんが、やっぱりもうちょっと仕事の幅を広げてほしいなという希望はあります。

これからいろいろ環境が厳しくなっていくなかでお互いに助け合う職場でなければなりません。画一的にこれしかできないという人の集まりだと硬直的になってしまうので、助け合い、お互いに能力を出し合って支店全体で生産性を上げるということです。

●多能化で仕事の幅を広げる

渋井　多能化ですね。

A　一人が一つの業務ではなく、いろいろなことができるようにしていきましょうと。窓口の担当者でも場合によっては融資の仕事も計画的に手伝えるようにしましょう、ということをやり始めたところなんです。今まで後方事務しかできなかった人も繁忙時には窓口に出たりします。

支店は人員的にギリギリでやっていますから、休みたいときに休みやすい環境とか、昼は食事がとりやすい環境というのがやはり、みんなの多能化で初めてできることだと思います。

渋井　女性活躍がただ少数の女性が目立つのではなく、多能化のなかで女性たちが今までやらなかった仕事にチャレンジして仕事の幅を広げつつ、連帯感をもって仕事に向かうということですね。

A　今までウチは女性は窓口や後方事務、男性は営業や融資でした。ですから女性の場合、融資の仕事をするのは不安、営業の仕事は不安だとなります。不安を取り除くのって大変重要であって、急に配属するよりはお店の中でお互いにローテーションまでいかないですけど手伝って、仕事の幅を広げていくところからやれば、その不安は多少なりとも和らぐのではないかという仮説のもとにやっています。そういう気持ちになってもらえれば計画的に休暇も取りやすくなるでしょうし、いろいろないい面が出てくれないかなと期待をしています。

渋井　多能化の推進は支店ではどのように進めているのですか。全員一律にやっているのですか。

B　多能化については全員一律にやるのではなくて、店の状況の中で最優先で育成する人を選び、半年間で必ずこの人のこの部分を成長させようと決めています。その人の多能化によって店が順調に回っていく、業務が増えて目詰りしたりとか誰かが休んだ時に、課題が大きいところを解消しながらやっていけば、店も多能化で助かるんだということがわかり、管理職も本人も前向きに取り組むことができます。助け合いという信用金庫の相互扶助の精神ですけど、仕事の中での助け合いというのをやっていかないと、これからますます回っていかないですから。

渋井　収益環境も厳しい中で簡単に人は増やせないでしょうから、職員さん一人ひとりの能力を高めていかなければならないですね。

B　昔は男性が女性を支えられたんですよ。女性は与えられた事務的な仕事をやっていれば全体でなんとかなった。それが環境が変わってきて以前の仕事の割振りでは厳しくなってきました。それに、入った時に男性が営業で女性が窓口で、と決めることが女性の成長の機会を奪ってしまったのではないかという反省もあります。

渋井　収益的に昔は男性が女性を支えられたけれど、今はそうはいかないというのは説得力があります。

B　組織を運営していくためには、そこにいる人間で回していかなくてはならない。

A　ただ、それが犠牲になったという気持ちになられると困るので、それも今後の課題になるかなと。特に営業は、今はある程度選んだ人間を営業に出しているからいいんでしょうが、これから五年くらいで総営業の一割ぐらいは女性になる可能性もあります。

●本部の強い意志を支店に

渋井　多能化や女性営業が定着してくれれば、いずれ副支店長、支店長もという話も出てきますよね。

A　当然そうですね。

B　ただ、ある女性の窓口係長に「副支店長になりたいかい」と聞いたら、「私は融資経験がないのでちょっと自信がありません」と言う方がいました。女性はほとんど預金業務をやってきたので窓口係長、というのが今までのパターンで、その殻を破るには、融資業務もやって、営業係もやって、というベースを作っておけば、上にあがるチャレンジが可能になると思います。

渋井　融資係への配置転換はされているんですか。

B　支店の中の人員構成が許せばそこまでやりたいんですけど、許されない環境もあります。そこで専属でやるのではなくてスポットで手伝うということからスタートして、少しずつ身に付けてもらいたいと考えています。

A　我々も現場の支店長クラスには、常にその必要性を発信していかないといけません。

渋井　やはり多能化がキーワードのようですが、経営側の意図をどのように支店の方々へ発信しているのですか。

A　昨年（二〇一四年）の一〇月から人事教育担当の専務が全店舗の朝礼に三ヵ月間出て、支店長から職員まで全員に直接伝えました。多能化の狙いや思い、多能化にからむ自己啓発ですね。「身に付かないのなら学んでください、勉強しないとなかなかできないですよ」と朝礼で全店舗の職員に話をしました。それと多能化の計画も出してもらいました。

渋井　本部の本気度が伝わりますね。本部の本気度がない、もしくは伝わらないと、支店は動きませんよね。

A　営業店で一番楽なのは今までと同じ仕事をすることです。事故も起きづらいですし、仕事を変えれば女性からも仕事が増えたという反発もあります。私が支店長の時もそうでしたが、多くの支店長は変えたくないんですよ、本音は。ただ、専務なりが支店に行って、「本部の強い意思でやっているんだよ」と言えば、支店長への不満を本部が吸収できるだろう、支店長がやりやすいだろう、という狙いもあります。

それに全店で一斉にやれば、「私だけがこんな大変な思い」という被害者意識も和らぎます。本当にやらなければいけないんだなという気持ちをもってもらったり、一人ひとりの成長も期待しているんだよということも、きちんと伝える必要があります。

渋井　支店職員さんの反応はどうでしたか。

B　職員は普段直接、専務の言葉は聞けないですから刺激になったようです。それと朝礼後に支店長と面談しましたが、どの支店長も多能化の必要性は認識しています。特に大型店の支店長よりも小型店の支店長は本当に人がいなくて困っています。ですから、やらないと回らない。人の少ない店ほど切実にやらなくちゃいけないねとなります。

渋井　どちらかというと人数の多いお店のほうが業務分担がはっきりしていて、中には自分の縄張りがあって私の仕事は他の人にやらせない、みたいな人もいるでしょうね。

B　そういう大きいお店にいる人間が人事異動で小さいお店に行くと困ってしまうんですよ。ほかの仕事をした経験がないじゃないですか。そうすると自分が苦しい思いをする。だから人数がいっぱいいる時に経験しておいたほうが自分の将来は楽ですよ、ということを教えなくちゃいけませんね。

渋井　私自身、銀行員時代に預金も融資もやったのですが、融資をやったら、「これは面白い」と、「自分には融資が向いてるな」と思った経験があります。

B　そういう気持ちになってもらえる人を見つけたいですね。今までは預金だけ画一的にやっていた。それが違う仕事をやったことによって、「あっ、面白いな」と思ったらしめたもので、そちらを伸ばしてあげるようにしないと。

渋井　潜在的な能力って上司でもなかなか見えてこないですし、本人も気づいていないことも多い。そのためにもいろいろな経験をさせるのが一番でしょうね。

A　融資でいうと、女性だけじゃなくて男性も一緒ですが、いけるかいけないかという判断のポイントを身に付けるのが難しいところです。

渋井　そうですね、自分が融資の時に最初に徹底的に指導されたのが、まずは判断ポイントを覚えろということで、とにかく過去の稟議書ファイルを徹底して読み込めと言われました。確かに稟議書を読んでいるうちに考えなくてはいけないポイントとか、上司に突っ込まれるポイントが、徐々に見えてくるものです。

A　私が入った時にも、稟議書を作って回した時に、係長に回って、さらにその上席に回って支店長に回る。「どこの段階で詰まるかわかるか」って言われて、この部分で絶対詰まるということがわかって、そこをクリアして回さなきゃいけないんだよと教わりました。融資では早い段階で、そういう体験をして、あとは経験を積んで、知識を積み上げていけば解決することなのかなと思います。

Column⑨

涙を武器にする女性

涙を武器にする女性行職員に対し、何かミスして叱ったような場合、泣かれてしまい、男性上司はどう対応するか迷うかもしれません。答えは、冷静な冷めた態度をとってください。

「ごめんね。言い過ぎた」とか「なぜ泣く、ここは職場だぞ。いい加減にしろ」とか、こっちが謝ったり、逆に攻めたりするのは、あまりよい対応ではありません。

泣く理由にはいくつかあって、本当に悔しくて泣くのか、構ってほしくて泣くのか、戦略的に意識して泣くのか、いろいろありますが上司は動じないことです。

あえて冷めた目でじっと顔を見て、「五分やるから顔を洗って気持ちを落ち着けなさい」と言ってみてください。たぶんそう言うだけでこの人には涙は通用しないと理解して泣きやみます。

「今まではサポート的な仕事だけだったので、実力を開花させてあげるのも企業の務めじゃないか、と私は思うんです」

Y信用金庫　常勤理事・Cさん

●女性管理職を増やしていくために

渋井　金庫さんの現在の人員構成を教えてください。

C　職員の合計が約六五〇名でそのうち女性が一七〇名、男性が四八〇名ですから三割ぐらいが女性、そんな状況です。割合的には、ほぼ横ばいぐらいです。

渋井　女性職員さんでいちばん上の役職についている方はどんな方ですか。

C　四〇代半ばの出張所所長で、副支店長待遇です。やっと一人誕生したということです。

渋井　女性職員の期待の星ですね。

C　我々としても期待をしているんですけど、今までのキャリアのなかで融資経験がないとか、営業経験がないとか、そこをどうカバーするかが本人の悩みの種なんじゃないかなと思います。今は支店の出先機関である出張所の所長をやってますので、基本的には融資は発生しないんですよ。預金が中心の店頭業務、預かり資産ぐらいなんですね。出張所所長から次に異動すれば当然どこかの支店の副支店長の職になりますから、そうしますと融資も見なければいけないし、営業の管理もしなければならない。ですから出張所所長をやりながら母店の副支店長と定期的にローテーションして、副支店長をやるときに備えているようです。その人が失敗しちゃうと次に続く人が大変なんですよね。その辺もフォローしてあげなくちゃいけないなと思ってます。

渋井　将来的には支店長なども展望できますか。

C　そうですね。我々の金庫の中ではいちばんトップに近いですね。将来の支店長予備軍になります。

渋井　ご本人にもその意欲がおありのようですね。

C　ええ、ありますね。そのような先頭の立場にいるとわかってますから。そういう意味でいろいろと努力をされていると思います。

渋井　ほかには、たとえば女性の課長さんなどはいらっしゃいますか。

C　私どもの支店の組織は、支店長がいて、副支店長が一人、預金課長、融資課長、営業推進課長の三課長制です。支店長と副支店長は管理職、その下の三課長は監督職です。監督職は残業代が付く課長です。

女性は店頭営業課長という預金の課長が四名と融資課長が一名です。女性の課長以上は先ほどの所長を入れて六名ですね。

渋井　男女全体で課長以上はどのくらいいらっしゃるのでしょうか。

C　三〇数店舗ありますので、支店長、副支店長で約七〇名。課長は全部で九〇名ぐらいで、うち、女性は五名です。

渋井　課長さんは通常だいたいおいくつぐらいですか。

C　営業推進課長は三五歳から四五歳ぐらいですかね。融資課長は少し年齢が高くて三〇代後半からです。

上は六〇歳が定年ですけど、本人の働く意欲があれば六五歳まで再雇用になるんです。たぶんどこでもそうだと思いますけど、キャリアのある年齢の方が今どんどん定年を迎えてしまうんですが、なかなかそのキャリアが下につなげられていない部分があるので、引き続き六〇歳過ぎの方もそのまま要職に就いて仕事をしていただく、そういう部分がけっこうありますね。

あと、もう一つ、定年後の管理職の再登用みたいのがありまして、支店長、副支店長は本来は五七歳で役職定年なんですが、それ以降も引き続き支店長、副支店長をやっている方もいます。年齢の高い人がこういうポストを占めちゃうと若い人の出世の枠がなくなるという意見もあるのですが、支店長に任命するキャリアにはまだちょっと届かないかなあという課長クラスもいるのが実情なので、そういうのもあります。

渋井　年次になったからいっぺんやらせてみるとはいきませんものねえ。

C　実績というか、たとえば課長クラスで副支店長に適任だと太鼓判を押せるのであれば副支店長に上がり、あるいは副支店長で太鼓判を押すことができれば支店長にもっていきたいんですけど、副支店長の役が今一つなのに支店長にというわけにもいかないですから。そういうわけで、どうしても、引き続きお願いするというのはあります。

渋井　今おっしゃった、一定の実績、資質に達しない人には、そのままお伝えしちゃっているんですか。

C　それはまあ、たとえば副支店長クラスとか課長クラスぐらいに対しては、支店長がいろいろな部分で指導して、「君が支店長になるにはこういう部分が足りないよ」とかは人事考課の面接を年に何回もするなかで言っている支店長もいるでしょうし、中には言わない支店長もいるでしょう。ただ、やっぱりいろいろ本部でも営業店に回ったりとか、営業店の人間が本部へ来たりとかで、人となりは何となくわかりますので、そういう情報を集めて総合的に判断して、適任だったら昇進させますし、まだちょっと足りないなと思えばそのまま置いておきます。

渋井　よく見ているからこそなんですね。

C　そうですね。信用金庫ですから全国展開ではないじゃないですか。会議だとかミーティングで本部に集まったりとか、営業地域が限られるので本部の人間もそれなりに臨店できてしまうので、いろいろ情報を収集します。

●課長となるための判断基準

渋井　女性の出張所所長さん一名、預金課長さん四名と融資課長さん一名の方は、そういうなかで選ばれたわけですね。

C　そうです。課長になるにはその前に係長職があります。一般職からまず係長職に上がって、係長職の中で課長職に任命するか、そのまま係長でいるかという分岐点があります。その時に、預金の知識も豊富だし課長として適任であるという判断を下した人は引き上げていますね。

渋井 その適任という判断について、一概に言えないとは思いますが、何か譲れないポイントと言いますか判断基準はありますか。

C 検定試験など最低限のバーがあります。まずそれを取ってそのテーブルに上がって、コミュニケーション能力があるだとか、当然支店の中で預金をまとめていかなくてはならない部分でリーダーシップがあるとか、協調性も必要ですよね。

渋井 預金は特に女性が多いでしょうから、女性たちのよき先輩であり、リーダーであると。

C ええ、そういう方たちをピックアップしているような形ですね。

渋井 性格についてはどんな方が多いんですか。いろいろな金融機関さんを取材しているうちに、皆さん性格の明るい方を選ばれるとおっしゃるんですが。

C そうですね、皆、明るいですね。

渋井 打たれ強いというか、めげないというところも。

C 皆そうだと思います。頑張り屋さんタイプだと思います。それに責任感もある人ばかりですね。皆一緒に仕事したくなっちゃうという。

●女性のキャリアへの意欲と結婚事情

渋井　なるほど。女性の課長さんたちのキャリアに対する意欲はどうでしょうか。

C　去年の夏に女性の課長と出張所所長も入れて座談会をやったんですよ。そうしたら、皆さんけっこう建設的な意見で、ネガティブな意見はあまり出ないで、金庫から期待されているのをひしひしと感じている。だけどやっぱり、融資だとか営業経験がなかったのがすごくネックで、これから上にあがる時にやっぱりそこをどうしていったらいいか、という悩みはあると言っていましたね。

渋井　女性が上を目指していくなかで、融資や営業経験がないのを気にするのはよくあるケースです。

C　そして今、店頭営業課長をやっていますけど、もう課長を降ろしてもらって係長になってもいいから、融資の勉強をしてみたいし、営業の勉強もしてみたい。そんなことまでして自分のキャリアの幅を広げたい、というような意見まで出ました。

渋井　役が下がってもいいから、もう一回しっかりやりたいっていうのは、女性ならではという感じがします。

C　男だったら「一度もらった処遇から落ちたくない、給料下がっちゃうしな」とか言いますね（笑）。

渋井　やはり責任感や向上心があるんですね。

C　はい。役職手当がなくてもやっていけるみたいな気概ですかね。中には実家で独身の方もいるので生活上の話もあると思いますが。

渋井　逆に組織としては、そういう実家暮らしで安定しているからこそ、向上心とかやる気を前面に出すという女性はこれから期待しどころですね。

C　そうですね、でも個人的には早く結婚して幸せな家庭を築いていただきたいなという思いもあります（笑）。結婚だけが幸せとは言いませんけれど、でもやっぱり結婚して、自分のライフイベントを作ってということもね。

渋井　結婚でいいますと昔は社内結婚や会社がらみの結婚が多かったじゃないですか。私はあれを促進させる制度ぐらいは会社はやってあげてもいいのではないかと思っています。婚活イベントやパーティみたいな機会を。今の時代、社外で相手を見つけるのは大変ですし、相手の素性を確認するのも大変です。以前は社内婚がしやすい雰囲気があったり、違う店の人を紹介してくれたりしたじゃないですか。こういうことがあると変わると思うんですけど。

C　社内結婚、ウチはまだまだありますよ。ただ昔は、春は球技大会、秋は運動会ってずっとやっていましたね。もう一五、六年になりますか、いつの間にかやらなくなりました。全店が同じグランドに集まって、支店がいろいろブルーシート広げてワイワイガヤガヤ、接点をもったりとか、知らない店とのつながりをもったりとかやっていましたね。確かにあまり仕事ばかり一所懸命やって、人とのつながりもなくなっちゃうんじゃ困っちゃうなあ、という部分もあります。

渋井　昔はお客さまのほうからも、お話を持ってきてくれる時代もありました。

C　支店なんか、窓口のテラーの女性に、時々世話好きなおばちゃんが「いい人いるから紹介するわよ」なんて言って写真持って来たりとかありました。今はどうなんでしょう、そういうのは希薄になっているかもしれませんね。

渋井　結婚や出産についてはいかがですか。

C　今や採用するのは男性も女性も大卒です。二二か二三ぐらいで入ってきて、早い人はもう一年ぐらいで結婚して、女性ですぐ子供できてという人も多い。男性は別に結婚したって子供ができたって勤務できますが、女性で入庫一年とか二年ぐらいで結婚の前に子供ができちゃって、というパターンもあるんですよ（笑）。

渋井　いわゆる「できちゃった婚」も多いんですね。

C　そうすると、一年ぐらいでせっかく仕事を覚えても、すぐに育児休業に入ってしまいます。でも、結婚して出産して、退職する方はいませんから、まず一歳までは育児休業に入って、一年ぐらい経って保育所に入れられれば、また復帰はするんですけれど、皆さん短時間勤務です。基本的に一〇時―一六時ぐらいしかできないですね。そういう方がほぼ全店に一人か二人はいるんですよ。

渋井　どのくらい短時間勤務をされるんですか。

C　一人が六歳になるまで、希望があればそのままできます。だけど、その前に二人目とか三人目とかできるじゃないですか。そうすると、短時間勤務の一年ぐらいで、妊娠して二人目ができると、育児休業にまた一年に突入して、となってしまうんですよ。

渋井　そうすると普通の仕事に戻れないですね。

C　そう。ですから結婚して出産するまでに、ある程度、係長になれるポストぐらいまで上がっておかないと。一般職のまま結婚して出産してとなると、なかなかその後が難しい。本当は時間があるのでそういう時に、休業中に検定試験を受けるとかすればいいんでしょうが、どうしても子供が優先となると勉強もなかなかできないと思いますし。

●今後の女性登用の方向性とは

渋井　なるほど、制度が整っているがゆえのジレンマ的なものですね。ところで今後の女性登用の方向性はどうでしょうか。

C　今まで預金のラインしかないところで、やっと二〇一五年一月から融資のラインが一人できたという状況です。できれば今年（二〇一五年）の下期ぐらいから、営業推進のラインの女性を作らなければいけないなと思っています。

渋井　営業推進ですか。外を回ってもらうのですね。

C　女性を営業推進課に二人ないし三人ぐらい配属したいということで、これから動き出すという状況です。

営業推進にはエリア営業とファイナンシャル営業の二種類があります。エリア営業というのは預金と個人ローン中心。ファイナンシャル営業はどちらかというと法人融資です。だいたいエリア営業で実績を積んで、この人は法人をやらせたいという人はファイナンシャル営業にします。

店内ローテーションでやるんですけれど、まずはエリア営業でお店の店周の重点地区みたいなエリア営業がありますので、そこのお客さまの預金の管理から、個人ローンの管理、住宅ローンや、消費者ローンなどを担当させます。一部小さい事業先もありますから保証協会の融資だとか、あとは情報収集です。そういった業務をやってもらって定着化させていきたいなということで、これから検討していきます。

中には営業をやりたいという女性もいるみたいなんですが、本当に営業がやりたいのか、口だけなのかがわからないので、その辺もちょっと詰めていかなければいけないです。それに配属する二、三人の中に場合によっては短時間勤務の人を入れようかというのも検討事項です。

渋井　それはどういう事情ですか。

C　短時間勤務の職員は今は預金にしかいません。預金には勘定があります。だけど短時間勤務は一〇時─一六時です。朝の立上げと締めの時間にいないので、営業店は非常に大変なんですよ。

渋井　他の人が回らなくなっちゃいますね。

C　今も短時間勤務の予備軍が一〇人ぐらいいますから、それがどんどん増えると、店頭営業課だけでは短時間勤務の受入れ場所がなくなってしまうので、融資だとか、営業推進課だとか、そういうところにもっていかないと、回らないという考えなんです。

渋井　短時間勤務の方は、実のところエリア営業に向いていると思います。

C　ええ、そう思います。女性ってすごく仕事しますから、一〇時から一六時に終わらせようと思えば、そういう活動をすると思うんです。それに短時間勤務ということは、結婚して出産をされて復帰していますから、いろんな経験もされていますし、生活もしていかなければいけないという部分もありますから、多少打たれ強いんじゃないかなと思って、期待しているんです。

●同行訪問で経験を積ませる

渋井　それはいいと思います。事務職のままずっと短時間勤務でいる人の数があまりに多いと組織もまいってしまいます。それに収益を獲得する最前線に出れば、本人も成長できますね。

C　そうですね、あまり過保護にしてもいけないと思いますし。ただ、ほとんどの女性って預金の経験はありますけれど、融資の経験がないから営業に出す時にどのくらいの研修をすればいいのか、というのがこれからの検討課題です。かといって新卒の男性が、右も左もわからない社会人初めての状態で四月に入って、一〇月からは営業に出されるわけで、早い人は半年で営業に出されちゃうんです。右も左もわからないのに、あれ取ってこい、これ取ってこい、と言われながらキャリアアップしていくんです。しかし、その彼らにも大した研修はしていなくて、現場教育中心です。それなのに、女性の営業だからといって何ヵ月もじっくり研修するのもどうかなあと思いましてね。ただ、ローンの関係がわからなければ、ローンのことぐらいはある程度きちっと研修してあげたほうがいいかなと。あとは現場で同行してあげて、いろいろなことを教えていってあげることは必要かなと思います。

渋井 そうですね、現場の同行は効果ありますよね。

C 支店によっては支店長がよく考えてくれて、半年で営業に出す人間は一〇月から一ヵ月間、一人で回らせないで必ず毎日、支店長が同行する、副支店長が同行する、営業推進課長が同行する、仲間のベテランの営業が同行するというように、人員をやり繰りしながらずっと一ヵ月間同行した結果、営業のスキルが向上した事例があります。ただルール化はしてないんです。ですからその辺も、それがいいなということであれば、「初めて出す営業の場合にはこうしてください」というのをルール化して、それを全店で実践してもらえば、さらに今まで部下を放任してきた支店長などもそれを実践してもらえば、より若い営業にとってはプラスになるのかなと感じます。

渋井 現場の営業の教育でいちばんいいのは同行して、何をやってるのか何を言ってるのか、細かく見るのと細かく見せる、これがいちばん効果があると思います。

C 若い人などは、門扉にあるインターフォンを押しただけでずっと静かにしてるんですね。でも図々しいのは門扉を開けてずっと中へ入って行って、玄関をトントントーンと二、三回やって、出ないと、玄関開いてるかなと思ってガラッと開けて、こんにちは〜、とかやるんですが、ずっと待ってる人もいるんですよね。「悪いことしてるんじゃないんだから、積極的に行ったほうがいいよ」なんてよく言いますけどね。

渋井　取れる営業と取れない営業の差ですね。

C　私どもでは支店長か副支店長が必ず営業担当者と月に最低一回は同行しなさいというルールになっていて、私も支店長の頃は営業担当者が一〇人いると、一人一日で月の半分がそれで消えてしまうので、半日交代みたいな形で同行しました。一〇人ぐらいいると同行だけで五日間ぐらい時間を使うんです。でも、一緒に回るとお客さまとどんな話をしているかとか、礼儀はできているかだとか、そういうことがよくわかりますね。その場その場で教育することが必要です。

●女性の視点を渉外に活かす

渋井　それをまた女性渉外で実施すれば、支店長さんたちに女性特有の問題を発見してもらえるかもしれませんね。

C　そうですね。ただ、女性の営業という文化がないから、最初はやはり配属するときには、この支店長だったらやってくれるだろう、というところにしなければなりません。放任主義の支店長のところに配属しちゃうと、「女性なんかを営業に配置しやがって」みたいなことを思われてしまうとまずいんで（笑）。まあ、一〇月に配置をするということであれば、ある程度、人事と営業推進部という営業部隊を統括している部署と、配置できそうな面倒見のいい支店長と三者で集まって、女性営業を出すための素案はこうなんだが、何か補足するところはないか、注文はないかというディスカッションをしてスムーズに導入できるようにしたいなと考えています。きっと素晴らしい能力を発揮すると私は期待しているんです。

渋井　候補で頭の中にいる女性が三、四人は、たぶんいらっしゃると思うんですが、だいたい何年目ぐらいで、どういう方なんですか。

C　短時間勤務の人を一人は入れようかなと思っているんです。それと二、三年目ぐらいですね。それ以上どっぷりと浸かっていると外に出るのが億劫になってきちゃうんですよ、多分。二、三人を出してある程度軌道に乗ったら、毎年二人、三人ずつ増やしていけばいいかなと思っています。

渋井　毎年二、三人ですね。

C　あまり女性を店頭に置かなくなってしまうと店頭の営業が回らなくなるので。それから、定期的に月に一回、または二ヵ月に一回でも、その人たちを集めてディスカッションする機会を作ろうかなと思ってます。

渋井　それは素晴らしいと思います。ストレス解消やお互いの情報交換になりますし、「本部も気にしているよ」というメッセージになります。

営業経験がある程度増えればファイナンシャル営業にもっていってもいいと思います。ファイナンシャル営業で関係性を作るところが女性で、最後の大事な詰めのところで上司が来るというのはありじゃないかと。

C　あります、あります。中小企業の社長でも女性担当者を長い目で可愛がってくださる方もいらっしゃるでしょうし。そういったお付き合いのなかで徐々に情報をもってこないと、意味のない営業になっちゃいますね。それはエリア営業で一所懸命経験を積んで、それからファイナンシャル営業で中小企業の社長に対していろいろな提案をして、クロージングは営業課長がやっても支店長がやってもいいわけです。

●女性の実力を開花させる

渋井　あとお伺いしたかったのが、女性渉外を導入するということは、仕事の幅を広げてもらった上で最終的に女性にも管理職を目指してもらうというイメージですね。

C　そうです。まあこの人だったら、そこそこやってくれるだろう、という人を二名か四名かはわかりませんが、まずは導入してですね、それがある程度軌道に乗ったら、定期的に女性の営業職を入れたい。

預金は預金ラインの人が課長になりますし、融資の課長になる女性ももちろん作りますし、営業になる女性も作りますので、いろいろなラインから管理職に出るような形にしていかないと、みんな預金課長上がりの副支店長、支店長ではまずいじゃないですか。

やはりキャリアアップするために、融資の勉強、営業の勉強を繰り返し、場合によっては今預金の課長をやっている女性をどこかで融資課長とか、営業の係長にいったん戻してやっていただくとかというのも出てくるかもしれないですね。

渋井　根本的な質問なんですけど、女性の支店長を増やさなければダメなんですか。

C　いや、我々の会社の中ではそういう決まりもないし、やらなければいけないという義務も全然ないですけども、ただやっぱり、女性の力って実は能力は高いんだけれども、今までどちらかというとサポート的な仕事しかしていないので、実力を開花させてあげるのも企業の務めじゃないか、というふうに私は思うんですが、どうなんですかね。

渋井　私も同感です。政府の政策云々ではなくて、職員に成長してもらって企業として地域に貢献していくには、男も女も関係ないですよね。

C　そうなんですよ、政府が女性管理職を何%に増やせだとか言っているけれど、企業の勝手じゃないかっていう面もあるんです。

昔は役席っていったら男しかいない世界だったんですけど、今は預金の女性課長が四人いて、他の男性職員よりよっぽど一所懸命やっています（笑）。ですから、そういう経験をさせれば、ちゃんと仕事をする人間がいるのは事実です。だからこそ結果的に男性、女性を区別なく比較した時に、女性のこの課長のほうが副支店長に適任だねという人が出てくれば、副支店長に登用しますし、そういう決断力やリーダーシップがないと思えば課長で止まっちゃうかもしれない。ただ、そういう経験をさせてあげることというのは企業の役目でもあるでしょうし、それを感じてもらえる女性がたくさん出てくれば副支店長、支店長も必然的に出てくるはずです。

Column⑩

女性のモチベーション

女性行職員の働く上でのモチベーションはもちろん様々なものがありますが、何と言っても「他人から認められること」です。いわゆる承認です。具体的には「喜ばれる、褒められる、見られている」ことです。

褒めについては、男女でどう褒められたいのかの違いがあります。一人前の男性は、結果の褒めでもOKです。「よくやった」「よく頑張った」という形です。

一方で女性は結果よりも、過程を褒められたいという傾向があります。「よく頑張ってたね」「よく頑張っていたからね」これは過程を褒めています。そして「A社さんのニーズに真剣に向き合っていたよね」これは具体的な行動の指摘です。すると、「この人は私のことをしっかりと見ていてくれたんだ」と理解します。結果だけの褒めに対して、女性は懐疑的に見る傾向があります。結果だけを褒めるなら、上司が誰でも一緒です。でも過程を褒められるかどうかは上司次第です。見ている上司にしか、過程は褒めることができません。

また、上司からの日ごろの簡単な挨拶、声かけの励行が〝きちんと見られている〟実感を与えます。朝、部下が「おはようございます」と声をかけてきたら、書類に目を向けたまま「おはよう」と言うのか、書類から顔をあげて相手の目を見て「おはよう」と言うのか、毎日積み重ねていくことがモチベーションの大きな差につながります。

「男性が外（渉外・融資）で、女性が中（窓口）という考え方は時代にそぐわないというか、おかしな話ですね」

Z信用金庫　人事部次長・Dさん、上席調査役・Eさん

●金融機関より〝スタバ〟のアルバイト

渋井　現在（二〇一五年）の正職員さんの人数と女性の比率はどうなっていますか。

D　正職員数は約二〇〇名、女性は六〇名ですから正職員の三〇％ぐらいになります。

渋井　女性の比率はここ数年で減っていますか、伸びていますか。

D　横ばいか若干減少しています。最近若い女性で辞めていく女性がいるものですから。そこが問題なんです。

渋井　それは結婚が理由ですか。

D　いえ、そうではなくて…。そこが大きなテーマになっていて、やる気のある人ほど将来が見出せないというか、毎日の仕事に希望が見出せない、というところがありまして。こちらもこれから何か仕掛けていかなければならないと思っているところです。

渋井　もったいないですね、入庫二、三年というところですか。

D　ええ、ちょうど仕事を覚えてこれからという時に。もともと元気がよく、大いに期待していた人材であったりしますから、なんとかしないと…。

渋井　どんな事情があるのでしょうか。

D　これは私の個人的な考えでもあるのですが、話を聞いている限りでは学生時代に就職活動で、たぶんいろいろ悩んでいると思うんですね。どうしても金融業、信用金庫で働きたいということではなく、たとえば接客が好きだとか、そういう大きな枠の中で信用金庫に入ってきて、入ったけれど金融機関というのは変えていくことがなかなか難しい。たとえばセールスといっても基本的に細かく慎重な対応ですし、イメージしていたものと違って壁にぶち当たってしまった結果、違う業種に移っていくというケースもあるんじゃないかと思うんですよね。

渋井　私、仕事柄いろいろな業界とお付き合いがあるので、言ってあげたいです。長い目で見て信金さんの仕事は素晴らしいから、「何がなんでも辞めちゃダメだ」と声を大にして言いたいです。

E　ありがとうございます。たとえば、二年目の職員でとても期待していたんですけれども、今の仕事をしているならば、スタバ（スターバックス）のアルバイトのほうがやり甲斐があるということで辞めていった職員がいるんですね。言わんとすることはわかるんですよ。何となく行ったときのスタバの店舗の従業員の対応とか、バイトはこう明るく指導されているとか、それなりの接客対応をしているもんですから。ただ、心のもてなしをしたくて、スタバのほうがいいと思って辞めますと言われると、逆にウチのほうがそういうことが実践していける職場でありながら、スタバのバイトに負けるのかな、という反省材料というか、そんなもんなのかな、と考えさせられることがありました。

●若手のモチベーションを先輩女性が下げている現状

渋井　学生時代の就活とおっしゃいましたが、これは私の正直な感想ですけれど、大学でキャリア教育をやっている方は企業に関わったことのない人たちが多くて、学生だけに関わっている人たちがやっているのでおかしくなるのです。そのキャリア教育の内容を聞けば、普通に社会で働いている人間からは首をかしげたくなるような表面的な内容で。だから今のお話をうかがっても、社会人になって二年目ぐらいで早めにしっかりとキャリア教育をしたほうがいいと感じます。

E　渋井さんの講演の中で、融資課に配属になって何もわからない時に、自分で過去の融資の稟議書ファイルを必死になって読み込んで力をつけたと言われたじゃないですか。そういう意気込みというのが、なかなかウチの風土としてなくて。中堅の課長代理あたりの四〇、三〇代後半の女性というのは子育てをして、ちょっと落ち着いて、子供もまだ小学生、中学生ぐらいで、家庭がメインで、仕事は一五時で現金が合えばすぐに帰りたいという状況が中堅層を占めています。入庫して、そういう先輩がいっぱい目の前にいるものですから、モチベーションがあってもそこでだんだんとモチベーションが下がっていってしまうというのが実態です。だから激しい生き様で頑張っている女性職員というのは、今あまりいない。男性職員もいけないんですが、厳しさというのがちょっと足りないんですよね。

渋井　土地柄的にお客さまは比較的裕福な方で、余裕のある方々だから、あまり厳しいとお客さまとバランスが悪くなるから、おっとりされるぐらいがちょうどいいと思うんですけれど。やはり信金さんの仕事をつまらないと言って辞めていくなんてもったいないです。私は銀行と証券会社しか金融機関勤めの経験はないですが、仕事をしていくなかで地域密着の意義とかやり甲斐もわかってくるじゃないですか、経験や歳を重ねると。そして金融機関の仕事の広がりも。そこで、仮に私が今、就活や転職するとなると、お世辞抜きで地盤がしっかりした信金さんなどの地域金融機関に入ったら、女性としてより豊かなキャリアとライフの両立ができるだろうなと想像しているんですよ。だからもったいないなと感じます。

E　スタバのバイトがいいと言って辞めた女性も、自分としては向上心をもって接客をしたいと。接客に対してもう少しいろいろな提案やアイデアを出してやっていきたい。ところが中堅層がどちらかというとお客さまに向かうというよりも、中に目を向けて仕事をしている状態。そういうところからモチベーションが下がったり、ほかの業界が良く見えたりするようになっていくのかもしれません。

もちろん学生時代のキャリア教育や就職活動をしているところからの問題もあって、面接の質問でも営業の数字は厳しくないんですかとか、そういう質問が学生からたびたび出てくるんです。どんな会社でも営業の数字が厳しいのは当たり前ですよね。でもその辺から最近は観点がずれてしまっているので、入庫してから教えこまなくてはいけない。なかなか難しい面があります。

●女性役席者の活躍ぶりは

渋井　先ほど課長代理とおっしゃってましたが、女性役席者がいないわけではないんですよね。女性の役席者はだいたいどのぐらいなんですか。

D　課長と課長代理を含めて一六名です。所属は支店の窓口サービス課が中心です。

渋井　融資とか営業とかには女性はいないのですか。

D　融資には元々いたんですけど、どうしても女性の人数が減ってきてしまって、預金のほうに回しているのが現状です。実際に若い女性たちの中にも、私は融資やりたいっていう希望もあるので、ぜひやらせてあげたいんです。研修なども男性も女性も同期で、基礎研修として融資を学ばせておりますので。あとは実際に配置させてあげられるかどうかというところです。

渋井　頼もしいですね、やりたいという気があるのは。渉外はいかがですか。

D　女性の渉外担当が一年ほど前から二名います。つい最近まで業務部付きだったんですけれど、今は本店付きです。肩書は課長と課長代理で、年齢的には四〇代後半と三〇代半ばです。

渋井　お二人はどのようなキャリアだったのですか。

E　基本的にはずっと窓口でやってきて、その中でも飛び抜けて元気にやっていました。三〇代の課長代理は窓口でも常にトップだった女性です。今もやる気をもってやっていて実績を上げています。

実は当初は三人で始めたのですが、やっぱり厳しいということで一人は中に戻りました。外回りもありますので体力的に厳しいということや、外で直射日光を浴びるのがイヤだとか、そういうこともありました。預金の窓口ではベテランで、事務をやらせればピカイチなんですが、一人で接客するというのがちょっと苦手なこともあって。

●本部の業務部で女性渉外を育成する理由

渋井　女性渉外を選んだ時に営業店ではなく本部の業務部に配属させたわけですね。それはなぜですか。

D　営業店につけてしまうと、個々のお店の事情によって、こちらがやろうとしている趣旨とかけ離れていってしまうことがあるのです。要は本部の特殊部隊的なところがあって、少し日常の業務から距離をおいて、渉外に特化させたい、それをやりやすくするために業務部にもってきたというか、それがやりやすい環境に配属させたということです。営業店では実力のある人たちなので、営業店にいると、どうしてもいろんな面で頼られてしまう、頼られるとやってしまう人たちなので、本来こちらがやってもらいたい本業がぼやけてしまうのではないかと思い、業務部に隔離する感じです。逆に営業店から見ると、その優秀な三人を吸い上げられることは痛手で、なんでこの時期にそんなことをするのかという気持ちだったと思います。それでもそういう仕掛けをしたかったのです。

渋井　営業店の支店長さんからは抵抗があったんですね。

D　今でもあると思います、早く戻せという。

渋井　女性渉外を作るキッカケは何だったんですか。

D　まさに女性活躍推進ということです。当金庫でも年金レディは一〇年ぐらい前にあったんですけど、なくなってしまったんです。それを年金だけでなく渉外としてまた復活させようという取組みです。やはり女性目線での営業というのもまた大切なんじゃないかということで。

他の信用金庫さんで女性の活性化を積極的に進めているところがあって、その信金さんに一度勉強に行かせてもらったんです。そこの女性渉外の方と一緒に回らせてもらったりして学ばせてもらいました。

渋井　今後、人材として優秀な女性が増えていくだろうとか、働き続ける女性も多いからその仕事の幅を広げていかなければならないとか、そういう意味もありますか。

D　はい、あります。実際に面接で私は渉外をやりたいんです、と言う女性もいます。そういう女性は大切にしたいと思いますし、またそういう女性たちが働きやすい環境にしていきたいと思います。

●「女性は窓口」という垣根をなくす

渋井　女性活躍推進の取組みでは、職種の幅を広げていってもらいたいというのがあるのでしょうか。

E　はい。幅を広げてもらいたいです。融資にも行ってもらいたいし、渉外にも行ってもらいたい。今までの方向性はどうしても基礎となる窓口を強化しようということで、窓口の役席を中心に女性を増やしていたんです。ただ、やはり中には女性でも融資をやりたいという希望が出てくるんですね。そういう希望は、まずは支店長、所属長がヒアリングして人事のほうに話がきます。そこでどうしようかとなるのですが、私たちには〝女性は窓口〟という垣根をなくしたいという気持ちがあります。

実際には能力的にも男性女性に関係なく、女性でも男性以上にお客さまのところに行きたいと思う人もいますし、逆に男性でも外が向かない、内勤をやらせたほうがいいというタイプもいます。

今までの勝手に決めつけていた男女の役割分担が時代とともに変わってきました。もちろん体力的な部分とかいろいろあるかもしれませんが、意気込みとして男性以上に外に出たがっている女性もいますし、実際に能力の高い女性が山ほどいます。そこで男性が外（渉外・融資）で、女性が中（窓口）という考え方はもう時代にそぐわないというか、おかしな話だということですね。

渋井　渉外にチャレンジしてもらうというふうになって、三人の方を選ばれたと思うんですけれど、それはどういう基準ですか。ご本人が希望したんですか。

D　本人の希望というよりも、ウチも初めての試みだったので、まずはその成績というか、やはりいくら希望していても渉外の手腕はなかなかすぐ身につくというものではありませんし、まず選出されたのは窓口でのセールスランキングでナンバー1からナンバー2という人を本部付けにして研修をしたというのが実際です。

E　これは言い方は悪いかもしれませんが、折れなさそうな女性というか、踏ん張れそうな女性です。紫外線がどうとか言った女性はその点で少し心配はありましたけれど、成績と意識とかの面では一所懸命だったし、さらにステップアップしてもらいたいという意味をこめて登用しました。

渋井　女性渉外の場合、上司のフォローも大切だと思いますが。

D　確かに一所懸命やる女性であっても、不安とか挫折感とか、こんなはずじゃないとかいろいろ思うはずなんです。歳のことを言っては何ですが、キャリアも十分にあるので逆に自分でこんなこと言っちゃいけないなとか、抱えちゃうような要素もリスクもあります。ベテランだからこそ。そのような状況でも、相談しやすい環境というんですかね。若い女性ならたぶん甘えたりして言いやすいのですが、ベテランで一所懸命やっている女性だと、自分で解決しなくちゃいけないという意識が強くて、どんどんつらくなるので、それを汲み取ってくれる上司のもとでやらせたいと思います。

渋井　よく見て、コミュニケーションして、思いや状況をわかって引き出してやる。それが上司に求められますね。

D　ええ、ベテランだから余計に言えないこともありますので。

渋井　責任感も強いですよね。

D　強いんです。何か問題があっても自分で解決しようとしちゃうんです。それはもちろん素晴らしいことなんですけれど。でも、たまには愚痴もこぼせるような上司じゃないと。それを敏感に感じ取ってくれる人じゃないと任せられないというか。

渋井　相談しやすい上司って、大事なんですね。

D　まあ、見ててくれる上司、口べたでもなんでもいいから、そのあたりの感覚を大切にしてくれる人です。

渋井　今後、女性渉外を増やす計画はありますか。

D　まだ具体的には決まっていませんが、本当は営業店のバランスを考えながら増やしていきたいです。

渋井　将来的に女性が支店長などになる場合、渉外を経験しておいたほうが断然有利ですよね。

E　実際に女性支店長が一人いるんですけれども、やはりその女性支店長は、以前渉外をやっておりまして、常に外回りのランキングに入るような女性でした。そういう意味で支店長になってもお客さまとのやり取りとか、そういった知識をかなりもっていらっしゃる。

渋井　その女性支店長の方はおいくつくらいですか。

D　五〇歳前後ですね。

渋井　渉外は個人だけではなくて法人もありますよね。

E　今の渉外担当は基本的には個人のお客さま中心です。私どもの営業地盤の地域は住宅街が多くて、人口も毎年増えているんです。そういう部分では逆に高齢化も進んでいますので年金の口座獲得がメインです。

渋井　今、お話を伺ってますと、私が住んでいるところに似てます、感じが。地主さんが多くて、富裕層や年金生活者、相続案件も多い。

D　それが過ぎ去った後、どうなるかというところが問題になると思います。世代交代でその息子、娘たちがその土地をどうしていくか、その辺が。

渋井　逆に見ればビジネスチャンスですよね。今、喰いこんでおけば、もう数十年長い取引が見込める時期ですから。

E　そこの情報を収集する力というのが、それぞれ職員が意識をもって取り組んではいるんですが、モチベーションの部分で毎日続けていられるかというと、そうでもないような状況でもあるんです。こうしたらいいんじゃないのとか、ああしたらいいんじゃないかという考えをもっていても表に出せないと。毎日の業務が終わったらおしまいみたいな感じで。たとえば、ポスターを新しく作って貼ったらどうかとか、もうちょっと店内のものを新しくしようという考えをもっている職員たちもいるんですが、なかなかそこまで手が回らない。思いつかないだけかもしれないんですが。

渋井　それはどこの金融機関さんでも同じような状況ですよ。

研修で、私から女性職員に、日頃思ったり考えていることを支店長や上の人がわかってくれないというのは、それは自分たちの怠慢だということを話します。自分の思っていることやアイデアを上司に伝わるようにアウトプットするトレーニングもできていません。それを克服する方法をお話しして、グループワークで自分たちの意見やアイデアをシートに書いて発表してもらいます。そうすると素晴らしいものができるんです。見学している男性陣も舌を巻くし、逆に女性たちは伝わらないのは自分たちの責任だとわかって、もっとそういう力を磨かないといけないと気づいてくれるんです。

D　今年（二〇一五年）は女性四・男性六です。ところで新人さんの男女比はどれくらいですか。

●入庫して一、二年目のうちに様々な仕事を経験することの重要性

渋井　彼女たちが仕事に慣れれば、その分、別の女性が渉外に出られますね。

D　半年ないし一年間は女性でも必ず渉外を担当する期間を設けて、新卒者の募集の時にも説明できる体制になっていればそれも面白いかなと。誰でも一回は渉外。そういう体制にもっていけるといいなと思います。

渋井　一、二年目のうちにいろんな経験をしてもらう。

D　そうです。ノルマを多少は与えながらも、主眼は経験を積むということで、誰でも一回はやってもらえると、窓口に入った時にも意識が変わってくるんじゃないでしょうか。やはり体験しないとわからないので。

渋井　自分も支店業務で一通りのことをやったんです。そこで気づいたのは、融資や渉外に向いているかって、二つだけだと思うんですよ。儲け話に興味があるかということ、そして他人の身の上話に興味があるかということ。この二つがあれば法人も個人も渉外や融資は、絶対やれると思うんです。この二つだけ。数字や法律とかは、その都度調べたり、わかる人に聞けばいいです。

D　そういった経験談とか心の変わり様というのをウチの女性たちに聞かせてあげたい。多分そういう話は職場の中で若い人は聞けないんですよ。女性ならなおさらそういう話が聞きたいだろうな。それだけでたぶんやる気とか、明日からの取組み方とか、自分の人生観というのは変わると思うんですよね。

渋井　私の話だけじゃなく、御庫の渉外の女性課長さんや課長代理さんとのディスカッションなんかもいい刺激になるんじゃないかと。

E　ええ。他の女性職員の知らない世界を見ているわけなので、その辺もすごく参考になるんじゃないかと思います。

●内部や外部の様々な人たちと接点をもつ

渋井　支店を超えた女性職員同士の交流などはあるのですか。

D　コンバート制度というのがあって、一週間、A店とB店の担当者を入れ替えることを年に二回やっています。一週間終えて金曜日に集まって、ああだった、こうだったと話し合います。こちらも特性を見ていて、たまたま小型店舗に行っているけれど、本店を経験したらいいだろうな、というような職員をピックアップして本店に配置換えしたりというようなことができるのです。それに今いる店舗とは違うところも経験できるし、先輩の仕事も見られるので、いい経験、刺激になっていると思います。これは大事にしていて、これからも継続してやっていきたいですね。

渋井　相談相手ができたり、目標となる人や場合によってはライバルもできて、とてもいい取組みですね。

D　あとは女性については、男性同様、外部の研修に行かせたいです。別の信用金庫の若い同世代の人がどういう考え方をしているか、意見交換会もあるので刺激になります。さらに信用金庫業界ではない、たとえばサービス業界の実習研修や異業種の現場研修があればそんなのも面白いんじゃないかと思います。

毎日が同じ仕事をして帰ってくるという日々ではなく、外に目を向けて何か希望をもてるような取組みの仕掛けをしていきたいと考えています。働くって素晴らしいことだと思いますし、日々こうして圧倒的な時間を費やしているので、そこに価値観を見出せないと、本当にもったいないので。

渋井　働くってことを素晴らしいことだって女性全体にわかってもらうところから、実は活用推進はスタートするということですね。

D　女性職員には、ああしたいこうしたい、というのを、どんどん発信してきてもらいたい。そこが今は少し乏しいので。もっともっとワガママであってほしいというか、希望をもって、ああしてくれこうしてくれ、自分はこうする、という人がどんどん来るといいなと思います。私も外を回りたいとか、融資をやらせてほしいとか言ってくることに敏感に反応して、実現できるような体制にしていきたいと思います。

Column⑪

時短勤務や育児中の女性とそのほかの女性の軋轢

特に預金係、為替係等の店内の業務の場合、時短勤務者、時短ではないものの育児中の女性が在籍し、独身もしくは子供のいない既婚者との間で軋轢が生じるケースがあります。繁忙日などに時短で帰ってしまう、子供の事情で早引きしてしまう。でも、しわ寄せがくる他の女性行職員にとっては納得がいかない、不満をもつ。管理職、特に男性管理職としては頭の痛い問題ではないでしょうか。対応策として、不満をもつ方の女性に対しては、いつか自分もそうなるかもしれない、長い目で見てみようと諭してみることです。

一方、時短や早引きをする女性には二つのタイプがあります。心の中では、迷惑をかけていると感じ、感謝しているがその気持ちが他人に伝わらないタイプ。そして少数派ですが、当然の権利と考えて感謝の気持ちをもっていないタイプです。感謝の気持ちをもっているタイプは「私は充分にみんなに感謝の気持ちを伝えています」と思っている人が多いです。そんな人に対しては、「たぶんみんなには伝わっていないよ、もう少し伝わるように工夫してほしい」とアドバイスします。

当然の権利と思っているタイプについては、今の権利を勝ち取ってきた人とそれを支えている人がいることに気づかせましょう。制度や権利は当たり前に存在するものではありません。制度や権利を支えている人、支店でいえば仕事でしわ寄せが来たり、残業を余儀なくされる人がいることで成り立っていることを、上司が理解させるべきです。

「数字への責任感を植え付けようとするより先に、まずは仕事の楽しさ、喜びを感じてもらうことだと思います」

V信用金庫　人事研修部課長・Fさん

●全体に占める女性管理職の割合

渋井　御庫では女性職員の活躍推進が一〇年ほど前から行われているそうですが、現在、管理職（課長以上）全体に占める女性の割合はどのくらいなのでしょうか。

F　パーセンテージでいうと三・九二％です。

渋井　他の信金さんより若干、高い感じですね。

F　私どもが持っているデータでは、信用金庫全体での管理職に占める女性の割合はだいたい、一・九九%なんです。そこから見て、パーセンテージでいえば、ほぼ倍です。内訳は事務方が中心です。

渋井　もともと一般職だった方が管理職に上がったんですか。

F　私どもの金庫は、一〇年以上前になりますが、いくつかの金庫が合併してできたんです。その時に、いわゆるコース別人事という形で総合職と一般職に分けたんですが、今、事務の役席の方々は、元々の出身金庫では一般職だった方々が、合併と同時に総合職にコース転換をしたんです。それ以降もコース転換をしているんですけど、一般職から総合職にコース転換して総合職になって、今、事務の役席等についているんです。

渋井　新しい金庫の誕生と同時に、女性の活用もスタートしたんですね。融資や渉外にも女性がいらっしゃるということですが、何人くらいですか。

F　融資は全体で一五〇名のうち女性が一三名、渉外は三一二名のうち女性が一七名。年齢的には二〇代がほとんどです。

渋井　両方とも一割ぐらい女性が進出していることになりますね。

F　それくらいですね。

●融資や渉外にも女性を登用した理由

渋井　合併当時は、女性の総合職は少なかったんですか。

F　少なかったです。コース別に転換した当初は、事務の課長以上を育てて、その人数を増やしていこうという考え方だったと思います。

渋井　今では、融資や渉外の分野でも女性が活躍しています。

F　二〇〇五年頃からですね。事務だけでなく、積極的に営業に出てもらうという考え方になってきたんです。

渋井　理由は何だったのでしょうか。

F　大きく二つあります。まずは、渉外職員の数が少なくなってきたというところにあるんです。一時期、採用をうんと絞った感じで、渉外の人数そのものが、ウチの業容から見て少なくなってきた。ですから女性を渉外に配置することによって、渉外全体の人数を確保したいというのが一つの大きな理由だったと思います。

渋井　なるほど。二つ目の理由はなんですか。

F　いわゆる女性の特性というか、きめ細かさだったり、丁寧さだったり、親切さだったり、それが窓口のほうで評判がよくて。優秀なテラーですと、個人別で渉外も参加するキャンペーンなどで数字を競い合うと、男性の渉外をしのぐテラーがけっこう出てきたんです。

渋井　預かり資産とか？

F　ええ。預かり資産ですとか、定期預金ですとか。定期預金のキャンペーンでは支店でいろいろ目標設定しながら競わせているんですけど、そうすると女性のほうが上位にくる。テラーのほうが上位にくるんです。

渋井　優秀ですね。

F　そういうこともあって女性を営業に配置することによって、ウチの営業力全体がアップするんじゃないかという考えがあり、さらに渉外人数を確保しなければいけない課題を解決するために、二〇〇五年にモデル店舗を設置して、女性渉外を配置しました。

●営業統括部の後押しで窓口から渉外へ

渋井　当初、何名だったんですか。

F　まず七名からスタートしました。第一期生みたいなものですね。

渋井　この七名の女性たちは窓口の担当者から選ばれたんですか。

F　窓口の成績優秀者がほとんどでしたね。

渋井　支店側がよく彼女たちを離しましたね。

F　たしかに、店長としても、窓口でそれだけ活躍してくれた実績があるわけですから、あえて営業に出てもらうというのはリスクというか、少し嫌ですよね。それでも本部の営業統括部の後押しで最初の七人を渉外にもっていきました。

渋井　営業統括部が熱心だったんですね。

F　渉外の人数がなにせ厳しかったということがあったんでしょうけど、当時の営業統括部長が人事部出身だったんですよ。

渋井　すると、人材育成にも熱心だったわけですね。

F　そういう方だったものですから、明日よりも、少し先を見て、女性の本格的な戦力化を狙っていくという発案をしたんです。

渋井　将来を見据えて。

F　ええ、そうですね。将来的に少子化で労働力の確保が難しくなってきますから、営業戦力としての女性を育成すべきだという考え方をもっていらしたんですね。

渋井　確かに外での営業が収益の基盤ですよね。

F　やはり、窓口も大切ですけど、きめ細かく、足繁くお客さまを訪問させていただいて、そこで信頼関係を築いていくというのが、信用金庫の営業スタイルですから。

●実際のお客さまの反応

渋井　お客さまとの距離の近さが信用金庫さんらしさですものね。

F　そこが我々のいちばんの強みにもなりますので。

渋井　お客さまの反応はどうでしたか。

F　個人のお客さまで、特に女性のお客さま、あるいはご高齢なお客さまが、今でもそうなんですが、女性の渉外担当のほうを喜ばれるところがありました。

渋井　安心感があって。

F　やはり、親切だし、サービスは細やかなところまで目配りができる、そういうところでけっこう可愛がってもらっていますね。

渋井　個人分野は手応えがあって、法人はいかがでしたか。

F　法人のほうは、本部もお客さまの声を心配していたんですが、最初は支店長や課長、あるいは業務課長が同行訪問していたこともあり、思ったほど女性だからといって不安視する声は少なかったですね。企業のオーナーの方はほとんど女性の渉外を受け入れてくれないんじゃないか、という思い込み的な心配もあったんですが、実際ふたを開けてみると、ないことはないんですが、こちらが想像していたよりも受け入れてもらえたんです。

●上司・先輩との同行訪問で企業の現場を知る

渋井　同行訪問で彼女たちをサポートしたことについて、詳しく聞かせてください。

F　最初に女性がポーンと一人で行っても、なかなか会話も進まないでしょうし、上席の課長ですとか、場合によっては支店長、次長がお客さまのところに一緒に行ってサポートしたんです。

渋井　同行はどのくらい続けたんですか。

F　三ヵ月ぐらいはやったと思います。

渋井　実地で、上司や先輩が何をどうやっているかを見て、感じることで、トークやヒアリングのポイントを学ぶんですね。

F　ええ、座学だけではちょっと難しいと思います。実際に現場を訪問して、お客さまの企業が何を作っているのかとか、どこに納品しているのかとかを知り、さらにその企業の特性を理解するには、やはり現場で覚えていくことが多いんですね。個人のお客さまが相手ならある程度のセールスマニュアルがあるので、それに沿っていけるんですが。

渋井　御庫の法人先は製造業も多いですから、工場とか作っているものを実際に見ないと、融資判断は難しいのでしょうね。

F　製品もそうですし設備もですね。機械の性能や働き、その経年変化や老朽化、そして買替えが必要になった場合には資金のお借入れの相談、そういうことを知らないと法人のお客さまとの会話は成立しません。それは、やはり、窓口ではわからないことなんです。もちろんテラーとして、来店された法人の経理の方と、振込みや給与支払いなど事務的手続きなどで対応しているんですが、現場を知らなくてはその企業さんの全体像はわかりません。

渋井　お客さまのビジネスモデルを理解するのが第一歩ですものね。

F　そのお客さまのビジネスモデルを見てですね、提案する、あるいは相談に応じる、そういうことが渉外としては当然求められますので。

●プロパー融資も自分で稟議書を作成できるようになるまでに

渋井　三ヵ月後、七人の女性渉外の皆さんは完全に独り立ちしたんですか。

F　ええ。でも、融資の相談があったり、社長さんから税金の相談があったりしますと、上司がじゃあ一緒に行って話をよく聞いてみようと、スポットスポットで三ヵ月以降もサポートしました。そして徐々に経験を積んで、その積み重ねで、保証協会の案件は手続きまでできるようになったとか、プロパー融資も自分で稟議書まで作成できるようになっていきました。

渋井　七人とも融資業務は未経験だったのに、しっかり案件を拾ってきて、実行するまでになったのですね。

F　融資は実際の取扱いの実績が教材になるので。

渋井　融資業務が未経験だとしても、実地で学んでいけるということですか。

F　ある程度は（笑）。ただ、我々のお客さまの中小企業は、決算書や係数面だけで判断をするのが難しいところがありますので。

渋井　技術や将来性、バックボーンなどの定性面も見ていく必要がありますよね。

F　そういったものも丁寧に拾い上げて、融資に結びつけることが大事だと思います。これはもう経験しかありません。まあ、これが本当に難しいんですけど。

渋井　女性に限ったことではなくて、若手男性にとっても難しいですよね。

F　そうです。だから新人の男性職員だって同じ対応です。融資の相談等になると、先輩なり上司なり、支店長なりに同行してもらう。これは男女一緒です。

渋井　ずっと事務をやってきた女性に営業系の業務をやってもらおうとすると、意識の転換は壁になりますか。

F　その場合の意識転換は、やはり大変だと思いますね。

渋井　七人の女性渉外はどうでしたか。

F　彼女たちは窓口で優秀でしたから、人と接するのは嫌いじゃなかった。だけど目標数字のプレッシャーや融資や法人関係の知識、財務、税金など新しく学ぶことが多いのは不安だったと思います。それに今まで女性がいなかった分野でしたから、受入れ側の不備も多かったと思います。苦しいことや不満もたくさんあったんじゃないでしょうか。

渋井　そうした彼女たちの育成で心がけたことは何でしたか。

F　これは今も現場の支店長たちに伝えているのですが、渉外の数字への責任感を植え付けようとするより先に、まずは仕事の楽しさ、喜びを感じてもらうことだと思います。できなかったことができた。一ミリの進歩でも一緒に喜んであげる。今まで知らなかったことを知れば、世界が広がる。すると自分の可能性も広がる。それに気づいてもらうように、働きかけをする。その上で、プロフェッショナルとしての高い意識をもたせる。くじけない心を手に入れてもらうという段階を丁寧に踏むことだと思います。

渋井　うーん、それも女性だけに限ったことでなく、若手の男性を育てるのと全く同じです

F　ね。
　結局、上司がやるべきことをやる、に尽きるんでしょうね。

●男女差の理解と女性への配慮

渋井　御庫の支店の数は五〇以上、女性渉外は二七人ですから、半数の店舗に女性渉外が一人は置かれている状況ですね。
F　そうなります。複数の女性渉外がいる店はまだないんですよ。
渋井　Ｆさんは支店長をご経験されていて、部下に女性渉外の方がいたそうですね。実際、男女の差ってありますか。
F　生理的な面、肉体的な部分の差は当然あるんですけど、実際そう感じませんね。やはり女性でも、そもそも総合職を志して、それを承知で入庫してくる方ですから。
渋井　まずもって意識や能力の差はほとんどない、と。
F　そこにあまり差はないですね。個人差はもちろんありますが（笑）。あえて言えば、男性はバイクでバーッと遠方のお客さまのところまで回って行くんですけど、女性はやはり自転車とかですね。

渋井　女性にはバイクを利用させないんですか。

F　女性に、バイクでというのはちょっとなかなかね。道のアップダウンが多くて、電動自転車にはしていますけど。雨の日なんかもねえ…。ダメということはないですけど、レインコートを着せて男性と同じようにとは、体力的にきついでしょう。馬力が違いますから。そういうところは差がありますね。

渋井　そうなると女性渉外の場合、やはり担当地区は考慮する必要があるんですね。あまり広いところは持たせないほうがいいな、とか。

F　私が支店長の時は、やはりそう思いましたね。遠くで、バイクで事故を起こさないかとか心配ですし、女性ですから防犯上の問題もあるので、まあ自転車で回れる、いわゆる店周地区をやってもらわなくてはいけないかな、というふうに思いましたね。

渋井　そうなると、男性と同じ広さや持ち軒数を担当できないわけですが、ノルマもその分低く設定するのでしょうか。

F　ノルマの差はそんなにつけてなかったですね。持ち軒数とか、地域の大きさに実績が比例するとは限りませんしね。

渋井　男性は雨の日でもバイクで遠方のお客さまのところへ訪問するわけですが、「不公平だ」「逆差別だ」という文句は出なかったんですか。

F　それはなかったですね（笑）。体力的な差はどうしようもないですよ。

渋井　担当地区について人事部や営業統括部からの指示等は？

F　女性だからこの地区にしてくださいとか、目標を低くしてくださいとか、そういうことは一切ないです。支店長の裁量でお願いします、ということですね。

●女性渉外育成の課題

渋井　現在、Fさんは人事研修部で女性職員の渉外、あるいは相談窓口への配置に取り組んでいらっしゃいますが、課題と感じていることはありますか。

F　女性の孤立化の防止ですね。先ほど言ったかもしれませんが、複数の女性渉外がいる店ってないんですよ。

渋井　相談相手が作りにくい環境ですね。

F　基本、上司は男性ですから。悩みを相談しても上司に理解してもらえないんじゃないかとか、男性同士で話していて私は入れないなんて悩むことがあり得るんです。

渋井　今は、男性でもそんな悩みを抱えますよね。

F　ええ、全く。ただ、とりわけ女性について配慮しているのは、人数的に孤立しがちなので。いずれ女性の渉外が人数的にも男性と同じようになれば、本当に同じ土俵で全部進んでいくでしょうけど。

渋井 女性の孤立化を防ぐために、具体的にどうされているんでしょうか。

F 本部から上司へ、特に次長や課長に、なるべく男性だけで固まらないで、ひと言でもふた言でもいいから、とにかく話しかけてあげて、少なくても話しやすい雰囲気だけは醸し出すようにしてくれと、会議や研修で繰り返し言っています。

渋井 若い男性職員に対しても同じことですよね。

F そうですね、これは男女問わないところだと思います。今の若手の傾向で、なかなか自ら積極的にコミュニケーションを取ってくる人はいないので、やはり上のほうから働きかけてあげて、話しやすい雰囲気を作っていく。たとえば新入職員を受け入れるお店側には、男性・女性に限らず、一、二年目の職員にはコミュニケーションを取ってくださいと話しています。

渋井 女性渉外たちに対してはどんな働きかけをしているのですか。

F 女性営業会議というものを半年に一回のペースで開催しています。

渋井 女性渉外たちが交流できる場を作ったんですね。女性たちから発せられた意見や提案を、一層の女性活躍推進に役立てるスキームでしょうか。

F　うーん。悩みや苦労などを打ち明けて、共有できるガス抜きの場にはなっていますが、人事制度や施策にまで反映できていないのが実情です。もったいないですよね、正直。今後の課題ではありますね。

●進む女性渉外の戦力化

渋井　女性渉外の戦力化も順調に進み、成績も徐々に上がってきたとか。

F　はい、お陰さまで女性の渉外も定期預金のキャンペーンですとか、個人ローン、あるいは国債の獲得実績でも、ランキングされるようになりました。

渋井　上位一〇番以内にですか。

F　ええ、上位一〇位とか二〇位とか、そういうところに顔を出す、名前が出てくるようになりましたね。

渋井　素晴らしいことですね。第一期からもう一〇年が経とうとして、ランキングに出るようになってきているんですね。

F　そうですね、頑張ってくれています。

渋井　支店の男性職員たちにもよい影響を与えていると聞いたのですが。

F　明るくというか、盛り上がるということがあると思います。ウチの女性渉外たちは「目標に男女の差は設けないで」とか「必要以上に気を遣ってもらいたくない」と言う人が多いんです。

渋井　覚悟ができているというか、すごいですね。

F　はい、すごいと思います。やはり営業は厳しいところがありますから。そこで女性たちが頑張っているのは、男性職員にいい刺激になっています。

●出産、子育てでの配置換えが大きな経験となって仕事に活きる

渋井　結婚や出産は障害になったりはしないんですか。

F　やはりですね、結婚して、子供ができると渉外活動は難しくなります。

渋井　どう対応されているんですか。

F　融資の窓口に配置換えしてほしいということになって、そういう場合は、ほとんど支店長の配慮でそうしています。

渋井　渉外から融資窓口へ配置転換するんですね。

F　子育て中は、保育園への送り迎えなどで、時間の制約が出てくる場合が多いので、時短

にする人がほとんどです。お客さまのペースで動く渉外係となると対応が難しくなるんですが、融資ですとそういった時間の都合は比較的つけやすいですね。

渋井　かえって良い経験になるのでは。一度渉外に出て、融資をやって、また復帰する。

F　そうですね。実際に、今、女性の渉外で子供がいる方がいますが、彼女は子供が小学生ぐらいになってから渉外に戻っているんです。

渋井　そういう意味では、融資でまた渉外に戻っていくというのは、女性がキャリアプランを描きやすいですね。それに、出産して子育てする経験が渉外の時にも役に立ちますものね。人生の経験の幅が広がって。

F　そうなのかなと思います。それがまた大きな経験となって仕事に活かされてくるのではないかと思います。

渋井　融資の受け皿があるというのはいいですね。

F　受け皿は大切です。あるいは人によっては預金の役席もあります。事務の管理職、課長、次長ですね、それを目指す人もいますから。営業、渉外一筋できて、出産、子育てで、できなくなったから、「はい、じゃあ、あなたは一般職にコース転換してください」なんて言うことはないですね。

渋井　今まで大事に育成してきて、もったいないですものね。

F　そうです。ただ、現時点では、それを明文化はしてないんですよ。まあ、今後はしていこうかなと思っているんですが。また、やはり女性には結婚、出産、子育てというサイクルがありますから、従来の総合職だけでなく、女性特有のライフイベントに柔軟に対応できる「女性の総合職」を、新たに作っていかなければという気がしますね。

「新人の女性には、管理職は当たり前だと。
次長、事務長、支店長を視野に入れて
金庫でやっていってください、と言ってます」

W信用金庫　人事部副部長・Gさん

●バブル後の採用手控えで働き盛り世代が少ない

渋井　正職員の人数をうかがいたいのですが。

G　二〇一五年三月一日付けで、五百人強です。

渋井　そのうち女性職員の割合は？

G　約一八〇人なので三割ちょっとでしょうか。

渋井　年齢的にはどんな傾向がありますか。

G　いちばんの傾向は、他のどこの企業さんもそうだと思いますが、三〇代の半ばぐらいから四〇代の前半ぐらいの人たちが極端に少ない。バブル以降、どこの会社も採用を控えていましたよね。ウチも八年間控えていましたので、そこがぽっかりと穴が空いています。

渋井　すると、今、職場のリーダー格として現場を支える人材が少ないということですか。

G　おそらく他の信用金庫さんもそういう状況にあると思います。

渋井　では、人員でいちばん多いのは何歳くらいの方でしょうか。

G　四〇代後半から五〇代が多いですね。それと二〇〇五年度以降は新規採用を復活させたので若い人たちが増えています。

渋井　だいぶ上の層が多くて、下の若年層も増えている。一方で、収益の柱で人材育成の担い手の中堅層がぽっかり凹んでいるワイングラス型ですね。

G　こういうことですから、戦力的には厳しい時代が続くのかなと思います。

渋井　だから、男女関係なく育ってもらわないといけないんですね。

G　ええ。ですから女性にはすごく期待しています。

●女性の業務係長が多いのが特色

渋井　現在、女性管理職はどのくらいいらっしゃいますか。

G　管理職というと、いろいろな定義が出てくると思うんですが、たとえば女性の係長（主任含む）以上ということを対象にしますと、全部で四〇人いるんです。本部と営業店とで四〇人。ウチの特色としては、営業店二九店舗のうち一五店舗が女性の業務係長になっているんですね。

渋井　高い割合ですね。業務係長さんの守備範囲はどうなのでしょうか。

G　窓口と後方で事務全般の長です。支店の中で事務を統括するいちばん上の者が事務長もしくは次長で、その下が業務係長です。

渋井　一五名の女性たちの年齢はどのくらいですか。ベテランの方が中心ですか。

G　いえ、若い人もけっこう増やしていまして。

渋井　最速で何年ぐらいで係長になるんですか。

G　二〇〇五年入庫の女性係長がいるから一〇年ぐらいですかね。

渋井　そういう入庫一〇年前後の方をどんどん…。

G　登用していくと思います。

●融資分野でも女性を戦力として育成

渋井　御庫は、女性の活躍推進ということで、今は管理職への登用が増えているということですね。では、職種の幅を広げるという意味ではいかがですか。女性渉外や融資係もこれから増やしていくのでしょうか？

G　ええ、融資は徐々に増やしています。昔は、女性は融資係にいても事務だけでしたが、最近は融資の受付や対応もやらせる体制にしていって、今、担当法人先をもってやっている女性も六人います。

渋井　では、個人向けのフリー・ローンから始まって、住宅ローンに進み、さらに企業向けの制度融資、プロパー融資と法人融資もやっていく方向なんですね。

G　そうですね。もちろん初めから難しい先を担当させることはないです。手形割引や保証協会の融資が中心の先を担当してもらっています。

渋井　融資分野でも女性を戦力として育成しているのですね。

G　そうですね、ただ、ウチの場合、女性渉外はまだ誰もいません。個人的な意見ですが、女性渉外についてはいろいろな障害もあるので、将来、女性渉外ができたとしても、おそらく「男性がやっていることと同じ渉外」をさせるようにはしないと思います。女性の良さを出せるような渉外スタイルをこれから模索して、ある程度、限定していく方向になるのではないかと思っています。

渋井　御庫の場合は取引先企業の規模も中堅から大きいところまでありますし、業歴が長い先も多いですから、女性が渉外としてすべてカバーするのは難しいですか。

G　う〜ん、もちろんやれる人は出てくると思います。ただ、いちばん初めはそういう形ではスタートを切らないんじゃないかと思います。まあ最終的にどうなるかはわかりませんけれど。もちろん、本当の戦力になってくれることが、いちばんいいことですが。現実的にはいきなりというのは少し難しいと思います。

渋井　女性を渉外に出した金融機関さんもいくつかあるんですが、融資をやってないというのが壁になることが多いという話を聞くんです。御庫の場合、職種の幅を融資に広げて実績を作ってから、先ほど言われたように、何かの機会に「女性ができる渉外」というものを作っていく流れになるかもしれませんね。

G　そういう流れを作っていく必要もあるんじゃないかと思います。

渋井　融資係として法人担当先をもっている六人の女性に関してですが、融資事務だけでなく、融資判断もやっているんですよね。

G　少しずつ力をつけています。

渋井　彼女たちの年齢はどのくらいですか。

G　若手・中堅の職員です。四〇歳以上の人はいませんね。

渋井　なぜ、その女性たちを選んだんですか。

G　それはやはり、その人の特性とか、あとは融資事務をやった経験があって、ある程度融資のことがわかっているということ、それから日頃の業績ですよね。考課、それがきちんとしているかどうか。あとは支店長の判断もあります。

渋井　支店長さんが推薦するんですか。

G　ええ、もちろん。いろいろなケースがありますけれど、支店長が彼女をこうしたいということで、というケースが多いですね。基本的には支店の人員配置というのは、支店長が決めていますので。

渋井　もともとは本部の働きかけによるものですか。

G　もちろんです。とにかく女性をどんどん活用して、融資でも育てなければならないということは、支店長会議などで人事部長が発表していますので。

渋井　そういうことを組織としてきちんと発信されていらっしゃるんですね。いつ頃から始めたんでしょうか。

G　五、六年前くらいですかね。

渋井　当初から女性活躍推進について組織全体の計画や目標があったのでしょうか。

G　かっちりした目標というのは特になかったですね。ただ、ここ数年間は、女性の登用と活躍というのを掲げています。三年間の事業計画があるんですけれど、昨年に引き続き、今年も人材の活用の主眼として、女性職員のさらなる活躍推進を挙げています。

●新人研修時に女性職員に求める基本方針とは

渋井　新人の頃から、やってもらう職種というのは男女変わらないようにしているんですか。

G　ただ、ウチの場合は女性渉外がいませんので。それよりも、入ってすぐに役席を目指しなさいと言っているんです。

渋井　入庫してすぐに、新人研修ぐらいから。

G　たとえばですね、昨年の新人研修の基本方針なんですけど、一般に言われている社会人基礎力の教養とかいろいろあるんですが、女性の場合は、「管理職は当たり前、すぐ目の前にあります。次長、事務長、支店長を視野に入れて金庫でやっていってください」と言っています。

渋井　支店長まで視野に入れてそれを新人研修の時に言われる、言われないでは全く違ってきますよね、意識が。

G　また、一五店舗の業務係長が女性になっていますから、お手本が実際にいるのも影響していると思います。とにかく目指してほしいと言ってます。

渋井　新人の頃から言われると、素直に受け入れてくれるんじゃないでしょうか。

G　そうだと思います。今の人たちと昔の人たち、特に女性は考え方が全然違いますので、おそらく昔の人たちは事務だけやっていれば、それで安心。だからあまり上に行くという意識が少なかったです。嫌がる人のほうが多かったんじゃないでしょうか。

渋井　今の女性職員たちは初めから言われているから、嫌がるどころか、そんなものだという感覚なんですね。採用時からそういう発信をしているんですか。

G　はい、します。自分が役席になって引っ張っていきたいですか、という質問はします。

渋井　若い女性たちに、リーダーとしてやっていくことを最初から考えてもらっているのですね。

G　そうですね。まあ、必ずしもその方向だけがいいというわけではないんです。その人の性格とか持ち味というのがありますので。裏方の事務のスペシャリストに向く人もいるでしょうし、それだけで採っているわけではありませんが、必ず質問はします。

渋井　選択肢は多いほうがいいわけですね。今の若い方ってどうなんですか、質問されての反応は。

G　ほとんどの人が、やってみたいという…。まあ、それは面接時のリップサービスで言っているのかもしれませんが（笑）。

●「指導シート」で現場と本部で問題点を共有

渋井　先ほど女性でも若手とベテラン層では考え方が違うとおっしゃいましたが、もしかして業務係長さんの下についている方が、自分より年齢が上の女性やベテランということも十分あり得ますね。

G　ええ、もう起こっています。

渋井　係長になった女性が、同性との軋轢や感情的な問題で苦労するかもしれませんね。

G　もちろんそういうケースもあるでしょう。それはやはり、次長、支店長のフォローが必要になってくると思います。

渋井　人事部のほうでも対策はされているんですか。

G　指導シートというのがありまして、支店長に職員のことについて様々に見たり、聞いたことを記入して、本部に上げてもらって、人事部長が直に支店長といろいろと支店の中の話をする、というようなことをやっています。

渋井　指導シートをたたき台にして、本部の人事部長と現場の支店長が問題点を共有し、対策を考えていくのですね。

G　また、人事部にもいろいろな噂や情報が入ってくるんですよ。それで「この辺はどうなんでしょうか」「フォローすることはないか」というように対応しています。

渋井　人事部の方がアンテナをしっかり立てて、現場とのコミュニケーションを意識されているということですね。

G　もちろん、噂や情報が入ってこない場合もありますけどね。あとは、集合研修の時などでも、いろいろと聞くようにしてます。

渋井　本人に「調子はどう?」などと聞くのですか。

G　まあ、直接聞くこともありますが、全く違う人から支店の雰囲気を聞いたりとか、まあ、いろいろな方法で。

渋井　若い女性を多く登用するなかで、課題は何だと感じますか。

G　実際本人が役席になってみると、その大変さというのが、今まで傍から、外から見ていたのと違って、思った以上に大変だということはあると思います。それと、初めて女性が役席になった場合に、次長や支店長のフォローが必要ではあるんですが、本来は、その業務の経験のあるベテラン男性職員がいるとすごくいいんですよね、フォローできますから。そういう人たちが減っていて、これが課題になっています。

渋井　そういう方々の経験やノウハウの継承は喫緊ですね。

G　そうですね、当金庫もかなりギリギリの人員でやっていますので。これはウチだけじゃないと思うんですけどね。

●女性役席の出産後の働き方

渋井　女性役席の中で、妊娠、出産される方もいらっしゃるわけですよね。

G　はい。育休を取ってもらって、特に事情がなければ、ほとんどの人が戻ってきています。

渋井　戻ってきた方は、時短勤務ですか、フルですか。

G　いろいろなケースがありますので。そのお子さんの保育園の状況とかで時短の人もいるし、何年かは時短でという人もいるし、最終的にはフルに戻ると思いますけれど。

渋井　それじゃあ、時短を取得しない方もいらっしゃるんですか。

G　中にはいますよ。

渋井　出産したら辞めるという発想の人はほとんどいないのでしょうか。

G　時代の変化じゃないでしょうか。昔は、家庭の主婦に入っても、高度成長期からバブル期までは何とか生活できたかもしれませんが、今は若い人たちの収入からすると、共稼ぎじゃないと厳しいと思いますね。そういうことも影響あると思いますけど。

渋井　そうですね、厳しいですよね。けれど、なかなか女性たちに面と向かって言えない話ですよね。研修でも職場でも。

G　もちろん、そこまでは話しませんけどね。ただ、みんな、もうわかっていると思います。お金持ちの人と結婚すればそんなことは関係ない話ですけど。

渋井　狙ってできるものじゃないですものねえ（笑）。そういう現実がわかっている女性たちに、入庫したときから、管理職は当たり前だと、そういう意識で働いていきなさい、行動していきなさいと、常に言って意識をもたせているんですね。

G　ええ、常にそれは発信しています。

●「一年後の私」から「一年を振り返って」、そして「今後の私へ」

渋井　自分のキャリアの将来像について女性たちが考える機会を、特別に設けているのでしょうか。

G　キャリア設定に対してだけということではないですけど、必ず将来像を書かせるようにしています、何らかの機会で。それは何回かあります。男女関係なく。

渋井　新人研修などですか。

G　はい。そして次が二年目、その次は五年目の研修をやってるんですね。その時に今後自分をどうしていくのかについて書かせています。

渋井　どういう道で成長していくか、ということですね。

G　ええ、そうです。研修の時に、そういうことを言うわけですよ。二年目には、「もう新人じゃないので後輩もできる、それを指導していく立場にもなる、もう新人ではないんですよ、その辺を意識した行動に変えてください」と言います。五年目になると、「もうあと二、三年経てば今度は役席になるから、それを目指した行動をしてください」ということを研修で言います。

あとはですね、ウチでやっているのは「一年後の私」というのを書かせるんです。入庫していろいろやって、わからないことがあったり、怒られたり、悩みが出てきた頃、ちょうど五月頃にですね、一年後の自分宛に手紙を書かせるんです。で、今度は一年経った時点で「一年を振り返って」と「今後の私へ」という形で書かせるんです。

渋井 自分に対する手紙は、みんなに見せるとか、グループで見せ合うとか、人事に提出したりするんですか。

G 最初に書いた「一年後」は、一年経って、新人研修の最後の時に、私が発表します。全員分、名前を出さずに。それで「これを書いたの誰ですか」と名乗り出てもらって、その人に一年間あったことと、今後どうするかということを発表させるんです。

渋井 面白そうですね。

G 面白いですよ。

渋井 所要時間はどのくらいですか。

G 二時間以上かかります、四〇人もいると。手紙の原本はこちらで持って、コピーを渡して、それを見ながら発表するんです。

渋井 みんなの前で決意表明をするようなものですよね。

G まあ、決意表明。この一年間あったことの感想と、今後自分がどうしていきたいか、ということです。

渋井 発表するほうは緊張すると思いますが、聞き手のほうは勇気づけられますね。

G ええ、そうなんですよ。悩みがいろいろあったということが、みんなで共有できるし。

その辺は同期同士で新人研修の時に仲の良いグループ内ではけっこう話はしてますので、一部の人のことは何となくわかってるんですが、その場で全員が発表して、それを聞いていて、ああみんなもそう思っていたんだ、安心した、という声はよく聞きます。

渋井　自分だけじゃないんだ、って思いますよね。それに、同期の結束も固まりますね。

G　そうですね。

渋井　そういう結束が、いざ悩んだり壁にぶつかった時に自分を支えてくれたりもしますものね。

G　その辺も意識して、そういうプログラムを入れているんですよ。それと私がいつも新人に言うのは、「一喜一憂するな」ということですね。ちょっと調子がいいと天狗になったり、失敗してもまだ先が長いんだから、絶対に挫けないで自分のことを信じてやりなさい、見てくれる人は見てくれているから、いちいち一喜一憂するな、それだけを本当に何十回も言います。すぐ諦めちゃうと仕事が嫌になって辞めたい、となりますが、そういうことではないんですよね。いちばん初めにそれを言うんですよ。

渋井　それは素晴らしい言葉のプレゼントですね。研修も継続してメッセージを発信していく場にすると、やはり効果は大きいんですね。

G　そうですね。みんなが集まっているところで言える、一緒に考えられますからね。また言っている、と思われることもあるかもしれませんが、ずっと発信していれば、それが風土になって、企業としての文化になっていくんじゃないかと思います。

●相続や年金の勉強会には女性が半数近くを占める

渋井　業務に関する専門的な研修はいかがですか。

G　融資を推進しなくてはいけないということで、本店に集まってもらって、融資推進の勉強会を始めたんですけれど、それを幅を広げて、たとえば相続とか、相続の実際事務のこと、戸籍謄本の見方など、テーマごとの勉強会をやっています。一八時から二時間やるのですが、一回あたり多い時で九〇人くらい来ています。それは自主参加で、来たい人だけ来なさいというものなんです。

渋井　じゃあ、これも男女関係なくですね。

G　ええ、そうです。

渋井　テーマ的に、やはり男性の参加が多いんですか。

G　基本的には男性のほうが多いですが、相続や戸籍謄本、年金の回については女性が半数近くを占めました。

渋井　意識が高いですね。

G　もしかしたら支店の上席に「行ってこい」と言われて来たのかもしれないですが(笑)。

渋井　年にどのぐらいの頻度で開催しているのですか。

G　昨年（二〇一四年）は、一一回やりましたね。

渋井　ほぼ月一ですね。

G　月に一回か二回やるという感じですかね。また来期も続けていく予定です。

●著者プロフィール

渋井 真帆（しぶい まほ）
人材育成コンサルタント／作家
1994年立教大学経済学部卒業。あさひ銀行（現りそな銀行）に総合職として入行し、法人融資・営業業務を担当。同行を結婚退職後、証券会社に転職し個人富裕層の営業を行う。2000年に独立し、金融機関や大手企業での研修講師、人材育成コンサルティングのほか、ＴＶ、雑誌でも活動。現在は出身業界である金融業界の女性活躍推進研修、プロジェクト支援に力を注いでいる。

《主な講演、研修実績》

・輝く女性の活躍を加速する地銀頭取の会
　「女性リーダー育成部会」
・第二地方銀行協会
　「女性役席マネジメントセミナー」
・東京都信用金庫協会
　「人事・研修担当者情報連絡会」
　その他、多数の金融機関、団体等で実績あり。

《主な著書》

『ザ・ロスチャイルド』（第４回城山三郎経済小説大賞受賞作）、『渋井真帆の日経新聞読みこなし隊』、『あなたを変える「稼ぎ力」養成講座 決算書読みこなし編』など。

金融機関の「女性活躍推進」はこう進めよう

2015年11月５日　初版第１刷発行

著　者　渋井真帆
発行者　金子幸司
発行所　㈱経済法令研究会
〒162-8421　東京都新宿区市谷本村町３－21
電話　代表03（3267）4811　制作03（3267）4823

〈検印省略〉

営業所／東京 03(3267)4812　大阪 06(6261)2911　名古屋 052(332)3511　福岡 092(411)0805

カバーデザイン／清水裕久　カバーイラスト／両口和史（QUATRE ILLUSTRATION）
制作／菊池一男・中村桃香　印刷／㈱加藤文明社

ISBN978-4-7668-2371-4